lex:tra

Jeden Tag ein bisschen ...
Französisch

Block mit 99 Sprachspielen,
Rätseln und mehr

Cornelsen

Jeden Tag ein bisschen …
Französisch
von Lucie Drevon und Lena Luise Posingies (landeskundliche Texte)

Redaktion: Gary S. Helft
Redaktionelle Mitarbeit: Geneviève Lohr, Franziska Pannhorst, Christina Wurst
Projektleitung: Sinéad Butler

Layout und technische Umsetzung: Stefan Müssigbrodt, Berlin
Umschlaggestaltung: Cornelsen Verlag Design / Klein & Halm Grafikdesign, Berlin
Umschlagfoto: JUNOPHOTO, Berlin

Fotos: Colourbox (RF): Tag 02; iStockphoto (RF): Tag 63; Illustrationen: Dörthe Brandt,
Gabriele Heinisch, Laurent Lalo

Weitere Sprachen in dieser Reihe:
978-3-589-01929-8 Lextra Jeden Tag ein bisschen … Englisch
978-3-589-01931-1 Lextra Jeden Tag ein bisschen … Italienisch
978-3-589-02028-7 Lextra Jeden Tag ein bisschen … Latein
978-3-589-01930-4 Lextra Jeden Tag ein bisschen … Spanisch

www.cornelsen.de
www.lextra.de

Die Webseiten Dritter, deren Internetadressen in diesem Lehrwerk angegeben sind,
wurden vor Drucklegung sorgfältig geprüft. Der Verlag übernimmt keine Gewähr für
die Aktualität und den Inhalt dieser Seiten oder solcher, die mit ihnen verlinkt sind.

1. Auflage, 4. Druck 2024

Alle Drucke dieser Auflage sind inhaltlich unverändert
und können im Unterricht nebeneinander verwendet werden.

Druck: H. Heenemann, Berlin

ISBN 978-3-589-01958-8

PEFC zertifiziert
Dieses Produkt stammt aus nachhaltig
bewirtschafteten Wäldern und kontrollierten
Quellen.

www.pefc.de

PEFC/04-31-1156

Herzlich Willkommen!

Mit diesem Block haben Sie die Möglichkeit, 99 Tage lang nebenbei und spielerisch Ihre verschütteten Kenntnisse der französischen Sprache wieder aufzufrischen oder kürzlich Gelerntes zu festigen.

Auf jeder der 99 Seiten gibt es Interessantes zu lesen oder Sprachspiele zu bearbeiten. Durch das bequeme Blockformat können Sie für den Urlaub oder den Weg zur Arbeit entweder alles mitnehmen oder einfach nur die gewünschte Anzahl von Blättern abreißen und einstecken.

Die 99 Tage bestehen analog zu einer Woche aus Einheiten mit je sieben Tagen. Vom ersten bis zum fünften Tag jeder Woche lösen Sie Kreuzworträtsel, bauen Ihren Wortschatz aus oder üben Strukturen. Blättern Sie um und nehmen Sie sich kurz Zeit Ihren Kenntnisstand zu prüfen. Was haben Sie schon richtig gemacht, was möchten Sie lieber noch mal wiederholen?

Am sechsten Tag resümieren Sie die vorangegangenen Tage mit einem kleinen Test – und am siebten Tag können Sie zur Erholung Interessantes und Nützliches über Land und Leute in Erfahrung bringen. Im Anhang finden Sie zum Nachschlagen eine Zusammenstellung der wichtigsten Redewendungen.

Lerntempo und -menge bestimmen Sie über den gesamten Zeitraum selbst – aber Vorsicht: Sprachspiele können süchtig machen! Wir wünschen Ihnen viel Spaß beim Französischlernen mit *Jeden Tag ein bisschen ...!*

Autoren und Redaktion

A. Sie möchten jemanden begrüßen. Welche Sätze passen nicht?

1 Salut, ça va?

2 Bonsoir Jeannette!

3 À plus!

4 Bonjour Monsieur Delerm.

5 Au revoir, et à bientôt!

6 Moi, c'est Marie.

7 Bonsoir, vous êtes Madame Reynaud?

8 À la semaine prochaine!

9 Bonne soirée!

B. Bei welchen Sätzen in Übung A können Sie davon ausgehen, dass die Personen sich noch nicht kennen? Wieso?

_____

_____

➡ *Auflösung*
Siehe nächste Seite

TAG
01

Auflösung:

A. 3, 5, 6, 8

B. 6: weil Marie sich hiermit vorstellt
    7: weil es sich um eine Frage handelt

Erfolgs-Check

Übung absolviert am:

	fiel mir leicht	möchte ich wiederholen
-----------------------------------	☐	☐
-----------------------------------	☐	☐
-----------------------------------	☐	☐

**Zwei Dialoge sind durcheinandergeraten.
Bringen Sie sie in die richtige Reihenfolge.**

1 Salut Élise!

2 Très bien, merci! Et vous?

3 Moi, ça va bien: je rentre de vacances!

4 Bonjour Monsieur Lenôtre.

5 Ah, salut, Marc! Ça va?

6 Madame Dupuis! Bonjour, comment allez-vous?

7 Super! Et toi?

8 Je vais bien, merci.

Dialog 1: Salut Élise!

_____

_____

_____

Dialog 2: Bonjour Monsieur Lenôtre.

_____

_____

_____

➔ *Auflösung
Siehe nächste Seite*

TAG
02

Auflösung:

Dialog 1: 1, 5, 7, 3
Dialog 2: 4, 6, 2, 8

Erfolgs-Check

Übung absolviert am:

	fiel mir leicht ↓	möchte ich wiederholen ↓
....	☐	☐
....	☐	☐
....	☐	☐

A. Übersetzen Sie folgende Ausdrücke ins Französische.

1 Tschüss Julien! _____

2 Bis die Tage ... _____

3 Auf Wiedersehen, Frau Braune! _____

4 Bis bald! _____

5 Bis nächste Woche! _____

6 Auf Wiedersehen und _____

 noch einen schönen Abend! _____

7 Gute Nacht! _____

8 Schöne Ferien! _____

B. Welche Begrüßungsformel passt zu den jeweiligen Ausdrücken? Manchmal gibt es mehrere Möglichkeiten.

1 _____

2 _____

3 _____

4 _____

5 _____

6 _____

7 _____

8 _____

➜ *Auflösung
Siehe nächste Seite*

TAG 03

Auflösung:

A. **1** Salut Julien! *oder* Ciao Julien!

    2 À plus!

    3 Au revoir, Madame Braune!

    4 À bientôt!

    5 À la semaine prochaine!

    6 Au revoir et bonne soirée!

    7 Bonne nuit!

    8 Bonnes vacances!

B. **1** Salut!

    2 Salut!

    3 Bonjour Madame Braune!

    4 Bonjour!

    5 Bonjour/Salut!

    6 Bonjour/Bonsoir!

    7 Salut!

    8 Bonjour/Salut!

Erfolgs-Check

	fiel mir leicht	möchte ich wiederholen
Übung absolviert am:	↓	↓
-----------------------------------	☐	☐
-----------------------------------	☐	☐
-----------------------------------	☐	☐

A. Konjugieren Sie das Verb *être*.

	être
je	
tu	
il / elle / on	
nous	
vous	
ils / elles	

B. Ergänzen Sie die Sätze mit der passenden Form des Verbs *être*.

1 Christiane _____ française.

2 Paul et Mathieu _____ _____ québécois.

3 Je _____ tunisienne.

4 Tu _____ sénégalais?

5 Vous _____ suisse?

6 Nous _____ belges.

7 Manuel _____ guyanais.

8 Et on _____ tous francophones : on parle tous français!

→ *Auflösung
Siehe nächste Seite*

TAG 04

Auflösung:

A. je suis – tu es – il / elle / on est –
nous sommes – vous êtes – ils / elles sont

B. **1** est
2 sont
3 suis
4 es
5 êtes
6 sommes
7 est
8 est

Erfolgs-Check

Übung absolviert am:

	fiel mir leicht	möchte ich wiederholen
-----------------------------------	☐	☐
-----------------------------------	☐	☐
-----------------------------------	☐	☐

A. Zwölf Nationalitäten sind im Buchstabensalat waagerecht, senkrecht und diagonol versteckt. Sie finden sie entweder in der männlichen oder in der weiblichen Form. Finden Sie sie.

```
A  L  U  M  E  S  A  G  R  E  C  D  E  J  A
L  U  P  O  L  O  N  A  I  S  U  G  R  E  L
L  X  T  R  D  A  N  S  E  P  I  E  D  S  L
E  E  T  R  E  N  E  I  N  A  S  H  D  U  U
M  M  E  R  I  S  T  T  H  G  I  U  J  I  R
A  B  R  I  D  C  S  A  R  N  N  A  A  S  E
N  O  R  D  E  H  H  L  I  O  E  S  P  R  I
D  U  E  F  A  A  I  I  D  L  U  A  O  F  A
E  R  L  R  L  N  B  E  E  Y  O  M  N  Ç  S
M  G  E  A  I  S  O  N  O  N  F  U  A  D  O
A  E  G  N  S  O  U  N  D  C  R  R  I  I  N
I  O  A  Ç  T  N  E  E  R  S  U  U  S  S  N
N  I  N  A  E  S  O  L  E  I  L  S  E  K  D
S  S  T  I  R  A  N  A  I  M  S  S  F  I  L
T  E  E  S  U  I  S  S  E  R  E  E  R  S  A
```

B. Schreiben Sie jeweils die andere Form der Adjektive aus Übung A auf.

_____   _____   _____

_____   _____   _____

_____   _____   _____

_____   _____

➜ *Auflösung*
Siehe nächste Seite

TAG 05

Auflösung:

A. **Waagerecht:** suisse, grec, polonais

Senkrecht: allemande, luxembourgeoise, français, italienne, espagnol, japonaise, russe

Diagonal: autrichien, roumain

B. suisse, grecque, polonaise, allemand, luxembourgeois, française, italien, espagnole, japonais, russe, autrichienne, roumaine

Erfolgs-Check

Was haben Sie diese Woche geübt? Testen Sie sich!

1 Wie begrüßt man einen Freund?

 a Bonjour!

 b Bonsoir!

 c Salut!

2 Ergänzen Sie die Aussage:

◆ Wenn ich jemanden spreche, den ich gut kenne, benutze ich das
 Personalpronomen _____ .

◆ Wenn ich jemanden spreche, den ich nicht so gut kenne, benutze ich das
 Personalpronomen _____ .

3 Wie fragt man höflich nach dem Befinden?

 a Ça va?

 b Comment allez-vous?

 c Au revoir, et à bientôt!

4 Welches Personalpronomen passt zur Verbform *sommes*?

 a je

 b ils

 c nous

5 Welcher der folgenden Sätze ist richtig?

 a Léo est française et Lena est allemand.

 b Léo est française et Lena est allemande.

 c Léo est français et Lena est allemande.

➜ *Auflösung
Siehe nächste Seite*

TAG
06

Auflösung:

1 c
2 tu, vous
3 b
4 c
5 c

Erfolgs-Check

Übung absolviert am:

	fiel mir leicht	möchte ich wiederholen
--------------------------------	☐	☐
--------------------------------	☐	☐
--------------------------------	☐	☐

Bonjour!

Bonjour, Madame! Von morgens bis zum späten Nachmittag begrüßen Sie Französinnen und Franzosen mit *Bonjour*, danach mit *Bonsoir*. Höflicher wird die Begrüßung mit *Monsieur/Madame*.

Zum Abschied sagen Sie je nach Tageszeit *Bonne journée, Bonne après-midi* oder *Bonne soirée. Bonne nuit* sagt man nur zu jemandem, der gerade schlafen gehen will.

Salut können Sie zur Begrüßung und zum Abschied unter Freunden verwenden.

Tipp: Wundern Sie sich nicht, wenn Sie von Einheimischen mit Ihrem Vornamen angesprochen, aber trotzdem gesiezt *(vouvoyer)* werden. Die Benutzung des Vornamens ist nicht automatisch eine Aufforderung zum Duzen *(tutoyer)*!

Küsschen links, Küsschen rechts ... Die Begrüßung auf französische Art ist anfangs vielleicht etwas ungewohnt – aber machen Sie einfach mit, dann lockert sich gleich die Stimmung.

Doch wie viele *bises* oder *bisous (se faire la bise)* verteilt man denn nun eigentlich zur freundschaftlichen Begrüßung? Achten Sie auf regionale Unterschiede: In Paris und Bordeaux gibt man sich zwei *bises*, in der Normandie vier, in der französischsprachigen Schweiz drei.

Außerdem begrüßen sich Frauen untereinander, und Frauen und Männer meistens mit den *bises*, Männer untereinander nur in der Familie oder wenn sie gute Freunde sind.

Aber: Auf Geschäftsebene und wenn man sich nicht so gut kennt, gibt man sich die Hand *(se serrer la main)*.

A. Um welche Familienmitglieder handelt es sich? Ordnen Sie die Buchstaben richtig. Dann verbinden Sie die Wörter paarweise miteinander.

männliche Begriffe	weibliche Begriffe
1 LEONC _____	**a** LLLLIEEFBE _____
2 RRFEE _____	**b** FMEME _____
3 REPE _____	**c** LLFIE _____
4 ILSF _____	**d** EECIN _____
5 TTPEIIFLS _____	**e** LILEFEIPETT _____
6 NUEEV _____	**f** MERANDRGE _____
7 AIRM _____	**g** ANTTE _____
8 PERERNDAG _____	**h** RMEE _____
9 GENRED _____	**i** UOERS _____
10 UEABRREF _____	**j** LLBEEEOURS _____

1 _____   6 _____

2 _____   7 _____

3 _____   8 _____

4 _____   9 _____

5 _____   10 _____

➔ Auflösung
Siehe nächste Seite

TAG
08

Auflösung:

1 oncle – **g** tante
2 frère – **i** sœur
3 père – **h** mère
4 fils – **c** fille
5 petit-fils – **e** petite-fille
6 neveu – **d** nièce
7 mari – **b** femme
8 grand-père – **f** grand-mère
9 gendre – **a** belle-fille
10 beau-frère – **j** belle-sœur

Erfolgs-Check

Übung absolviert am:	fiel mir leicht ↓	möchte ich wiederholen ↓
------------------------------------	☐	☐
------------------------------------	☐	☐
------------------------------------	☐	☐

A. Ergänzen Sie den Text mithilfe des Familienstammbaums.

```
            ┌─────────────────────┐
            │   Léonie et Vincent  │
            └─────────────────────┘
        ┌────────────────┬────────────────┐
┌──────────────────┐          ┌──────────────────┐
│  Gérard et Nicole │          │   Marc et Annie   │
└──────────────────┘          └──────────────────┘
        │                ┌──────────┬──────────────────┐
┌──────────────────┐  ┌────────┐  ┌──────────────────┐
│ Nicolas et Jeanne │  │  Paul  │  │ Sophie et Pierre  │
└──────────────────┘  └────────┘  └──────────────────┘
        │                        ┌──────────┬──────────┐
  ┌──────────┐              ┌────────┐  ┌──────────┐
  │  Noémie  │              │   Luc  │  │  Louise  │
  └──────────┘              └────────┘  └──────────┘
```

Je suis en vacances chez ma **(1)** _____ Sophie. Son **(2)** _____

Pierre est informaticien. Ils ont deux **(3)** _____, Luc et Louise :

mon **(4)** _____ et ma **(5)** _____.

Demain, nos **(6)** _____ veulent nous rendre visite : ils viennent avec

Gérard, mon **(7)** _____ et Nicole ma **(8)** _____, ainsi que

mon **(9)** _____ Nicolas, sa **(10)** _____ et leur

(11) _____. Toute la famille sera ensemble ce week-end : ma

(12) _____ Léonie va passer la journée chez nous : on va fêter

l'anniversaire de mariage de Pierre et Sophie.

B. Listen Sie die Namen der Großeltern und Schwager auf.

Großeltern: _____

Schwager: _____

➜ *Auflösung*
Siehe nächste Seite

TAG 09

Auflösung:

A. **1** sœur **2** mari **3** enfants **4** neveu **5** nièce
6 parents **7** oncle **8** tante **9** cousin
10 femme **11** fille **12** grand-mère

B. **Großeltern:** Léonie und Vincent, Gérard
und Nicole, Marc und Annie
Schwager: Gérard und Marc, Paul und
Pierre

Erfolgs-Check

Übung absolviert am:	fiel mir leicht	möchte ich wiederholen
	↓	↓
-----------------------------------	☐	☐
-----------------------------------	☐	☐
-----------------------------------	☐	☐

A. Finden Sie die Formen von *avoir*.

BERLINSAVONSOMMESAVOIRAPLUIESORTIE
ALLONSESTMANGERONTVOIRVENIRNUAGES
SOLEILAVEZASBROUILLARAIMEALLERIRAONTPARTI

B. Ergänzen Sie die Sätze mit der passenden Form von *avoir*.

1 Nicolas _____ deux sœurs: Julie et Marie.

2 Les voisins _____ un petit-fils.

3 J' _____ une nièce qui habite à Paris: elle _____ 28 ans.

4 Nous _____ une grande famille.

5 Tu _____ des frères et sœurs?

6 Vous _____ une tante très sympathique!

*Auflösung
Siehe nächste Seite*

TAG 10

Auflösung:

A. avons, a, avez, as, ai, ont

B. 1 a 2 ont 3 ai, a 4 avons 5 as 6 avez

Erfolgs-Check

Übung absolviert am:	fiel mir leicht ↓	möchte ich wiederholen ↓
....	☐	☐
....	☐	☐
....	☐	☐

Bringen Sie die Wörter in die richtige Reihenfolge, sodass sich eine Frage ergibt.

1 bien – vas – tu – ?

_____

2 avez – des – vous – enfants – ?

_____

3 vous – êtes – comment – venus – ?

_____

4 partez – quand – vous – ?

_____

5 votre – qui – voisin – est – ?

_____

6 d' –vient – Julien – où – ?

_____

7 tu – que – fais – ?

_____

8 il – toujours – en – retard – est – pourquoi – ?

_____

➔ *Auflösung*
Siehe nächste Seite

TAG 11

Auflösung:

1 Tu vas bien?
2 Avez-vous des enfants? / Vous avez des enfants?
3 Comment êtes-vous venus? / Vous êtes venus comment?
4 Quand partez-vous? / Vous partez quand?
5 Qui est votre voisin?
6 D'où vient Julien? / Julien vient d'où?
7 Que fais-tu?
8 Pourquoi est-il toujours en retard?

Erfolgs-Check

Übung absolviert am:

	fiel mir leicht ↓	möchte ich wiederholen ↓
....	☐	☐
....	☐	☐
....	☐	☐

Lesen Sie die Redewendungen und setzen Sie unten jeweils den Buchstaben ein, der ihrer Bedeutung entspricht.

1	C'est un jeu d'enfant!	**a**	On ne peut pas lui faire confiance.
2	C'est un fils à papa.	**b**	C'est très facile.
3	C'est l'âge bête ...	**c**	Il est très calme.
4	Léo est à la fleur de l'âge.	**d**	Elle n'est pas mariée.
5	Julien est un faux frère ...	**e**	Il est au plus bel âge.
6	Ma grand-mère a pris un coup de vieux!	**f**	C'est l'adolescence.
7	Paul est un véritable enfant de chœur!	**g**	Il devient sénile.
8	C'est une vieille fille.	**h**	Il profite de la situation financière de son père.
9	Il retombe en enfance.	**i**	Elle a vieilli, changé.

1 _____   6 _____

2 _____   7 _____

3 _____   8 _____

4 _____   9 _____

5 _____

➜ *Auflösung
Siehe nächste Seite*

TAG 12

Auflösung:

1 b – C'est très facile.
2 h – Il profite de la situation financière de son père.
3 f – C'est l'adolescence.
4 e – Il est au plus bel âge.
5 a – On ne peut pas lui faire confiance.
6 i – Elle a vieilli, changé.
7 c – Il est très calme.
8 d – Elle n'est pas mariée.
9 g – Il devient sénile.

Erfolgs-Check

Übung absolviert am:	fiel mir leicht ↓	möchte ich wiederholen ↓
-------------------------------	☐	☐
-------------------------------	☐	☐
-------------------------------	☐	☐

Was haben Sie diese Woche geübt? Testen Sie sich!

1 Der Sohn der Schwester meines Mannes ist mein ...

   a cousin.

   b gendre.

   c neveu.

2 Welches Wort kann als Ergänzung von *fille* beim Beschreiben eines Stammbaumes <u>nicht</u> benutzt werden?

   a belle

   b grande

   c petite

3 *Avoir* oder *être*: Welches Hilfsverb passt?

   a Tu _____ quel âge?

   b Roméo _____ le petit-fils de mon voisin.

   c Ils _____ allemands.

4 Bilden Sie zwei Fragen mit folgenden Wörtern: *êtes – en – vous – vacances*?

_____

_____

5 Ordnen Sie die drei Ausdrücke chronologisch.

   a être à la fleur de l'âge

   b retomber en enfance

   c être à l'âge bête

➜ Auflösung
Siehe nächste Seite

TAG 13

Auflösung:

1 c

2 b

3 as, est, sont

4 Êtes-vous en vacances ?

Vous êtes en vacances ?

5 c, a, b

Erfolgs-Check

Übung absolviert am:	fiel mir leicht	möchte ich wiederholen
----------------------------------	☐	☐
----------------------------------	☐	☐
----------------------------------	☐	☐

La famille

Ehe oder Solidaritätspakt? Bei den Eltern wohnen oder in einer WG? Tendenziell ist der Familienbund enger als in deutschsprachigen Ländern – das zeigt sich nicht nur bei den rauschenden Familienfesten, die es auch heute noch vor allem auf dem Land gibt.

Die Ehe *(mariage)* spielt im katholischen Frankreich noch immer eine große Rolle, doch natürlich gibt es auch Scheidungen *(divorce)*.

Der Trend geht zum sogenannten Solidaritätspakt *(PACS, Pacte civil de solidarité)*, einer eingetragenen Partnerschaft. Auch gleichgeschlechtliche Paare können diesen Bund eingehen *(se pacser)*.

Wie in anderen südlichen Ländern wohnen junge Menschen häufig noch bis mindestens Mitte zwanzig bei ihren Eltern. Sollten Sie also ein romantisches *rendez-vous* mit einem 25-jährigen Pariser haben, ist es gut möglich, dass er abends in die Wohnung seiner Eltern zurückkehrt.

Wohngemeinschaften *(colocation)* sind weniger üblich als in Deutschland, nehmen aber zu. In großen Städten und vor allem in Paris, wo Wohnraum knapp und teuer ist, leben immer mehr Menschen mit Mitbewohnern *(colocataire/ coloc)* zusammen.

Aber *attention*: Fallen Sie bei der Suche nach einem WG-Zimmer, vor allem wenn Sie nicht vor Ort sind, nicht auf die zahlreichen Trickbetrüger rein!

Finden Sie die folgenden Lebensmittel auf Französisch im Buchstabensalat.

Mehl – Brot – Butter – Wein – Schinken – Salat – Reis –
Nudeln – Tomate – Äpfel – Öl – Birne – Joghurt – Fisch – Käse

```
A  R  B  R  E  S  A  N  S  R  I  Z
N  E  T  O  M  A  T  E  S  S  A  N
S  F  P  L  U  I  E  R  A  H  L  E
Y  J  A  M  B  O  N  V  L  U  E  Z
O  N  T  R  A  S  O  P  A  I  N  B
G  N  E  I  I  E  M  O  D  L  A  E
O  O  S  R  N  N  U  I  E  E  G  U
U  S  O  E  D  U  E  R  T  A  E  R
R  S  S  T  E  V  I  E  M  R  N  R
T  I  E  A  D  A  N  O  S  S  T  E
P  O  M  M  E  S  R  V  I  N  E  R
A  P  E  R  I  F  A  I  M  R  O  T
```

→ Auflösung
Siehe nächste Seite

TAG 15

Auflösung:

Waagerecht: jambon, pain, riz, pommes, vin, tomate
Senkrecht: salade, yogourt, pâte, beurre, poisson, huile, poire
Diagonal: farine, fromage

Erfolgs-Check

Übung absolviert am:

	fiel mir leicht	möchte ich wiederholen
....	☐	☐
....	☐	☐
....	☐	☐

Sind Sie ein/e Feinschmecker/in und wissen, was süß und was salzig ist?
Ordnen Sie die Begriffe entsprechend in die Tabelle ein.
Manches passt in beide Kategorien.

~~doux~~ – ~~chaud~~ – ~~relevé~~ – acide – mousse de carottes – ragoût – viande –
légumes – glace – entrée – dessert – fromage – délicieux – parfumé – épicé –
gratin de pommes de terre – ravioles au saumon – flan – cassoulet –
moules marinières – bouillabaisse – tartiflette – foie gras – sorbet aux fraises –
salade de fruits – fondant aux amandes – purée – escalope de veau –
côtelette d'agneau – langue de bœuf – coq au vin – tarte aux pommes –
pêche melba – julienne de poireaux – crevettes mayonnaise

sucré	sucré et salé	salé
doux	*chaud*	*relevé*

Auflösung
Siehe nächste Seite

TAG 16

Auflösung:

sucré: doux – acide – glace – dessert –
flan – sorbet aux fraises – salade de fruits –
fondant aux amandes – tarte aux pommes –
pêche melba

sucré et salé: chaud – délicieux – parfumé –
épicé

salé: relevé – fromage – mousse de carottes –
ragoût – viande – légumes – entrée – gratin
de pommes de terre – ravioles au saumon –
cassoulet – moules marinières – bouillabaisse –
tartiflette – foie gras – purée – escalope de
veau – côtelette d'agneau – langue de bœuf –
coq au vin – julienne de poireaux – crevettes
mayonnaise

Erfolgs-Check

Übung absolviert am:

	fiel mir leicht	möchte ich wiederholen
-------------------------------	☐	☐
-------------------------------	☐	☐
-------------------------------	☐	☐

A. Wenn es ums Essen geht, ist die richtige Menge wichtig.
Was passt zusammen? Verbinden Sie.

1	une tranche de	a	pain
2	une bouteille d'	b	biscuits
3	un verre de	c	abricots
4	un bocal de	d	confiture
5	un kilo d'	e	sel
6	une barquette de	f	eau
7	une douzaine d'	g	fraises
8	un paquet de	h	vin
9	un pot de	i	cornichons
10	une pincée de	j	œufs

B. Was isst man in Frankreich zum Frühstück?
Treffen Sie Ihre Auswahl mit Begriffen aus der Übung A.

_____

_____

→ Auflösung
Siehe nächste Seite

**TAG
17**

Auflösung:

A. 1 a – 2 f – 3 h – 4 i – 5 c –
6 g – 7 j – 8 b, e – 9 d – 10 e

B. pain, confiture, (œufs)

Erfolgs-Check

Übung absolviert am:

	fiel mir leicht ↓	möchte ich wiederholen ↓
----------------------------------	☐	☐
----------------------------------	☐	☐
----------------------------------	☐	☐

Jetzt wird gekocht! Ergänzen Sie den Text mit den Artikeln *(le, la, les)* oder den Mengenangaben *(du, de la, des, (grammes) de/d')*.

Le pain aux olives

Pour réaliser cette recette, il vous faut :

(1) _____ farine, **(2)** _____ œufs,

(3) _____ levure, **(4)** _____ fromage râpé,

(5) _____ olives, **(6)** _____ crème fraîche,

(7) _____ lardons.

Versez 200 grammes **(8)** _____ farine dans un récipient.

Ajoutez **(9)** _____ 3 œufs, **(10)** _____ sachet de levure

et 100 grammes **(11)** _____ crème fraîche et mélangez le tout

pour obtenir une pâte homogène.

Ajoutez ensuite les 50 grammes **(12)** _____ fromage râpé,

100 grammes **(13)** _____ olives coupées en petits morceaux et

100 grammes **(14)** _____ lardons. Mettez la pâte dans

le moule et placez-le 45 minutes dans un four préchauffé à 120 degrés.

Bon appétit !

→ Auflösung
Siehe nächste Seite

Auflösung:

1 de la **2** des **3** de la **4** du **5** des **6** de la **7** des
8 de **9** les **10** le **11** de **12** de **13** d' **14** de

Erfolgs-Check

Übung absolviert am:	fiel mir leicht	möchte ich wiederholen
	↓	↓
-----------------------------------	☐	☐
-----------------------------------	☐	☐
-----------------------------------	☐	☐

Füllen Sie die Lücken und tragen Sie die Verben dann ins Kreuzworträtsel ein.

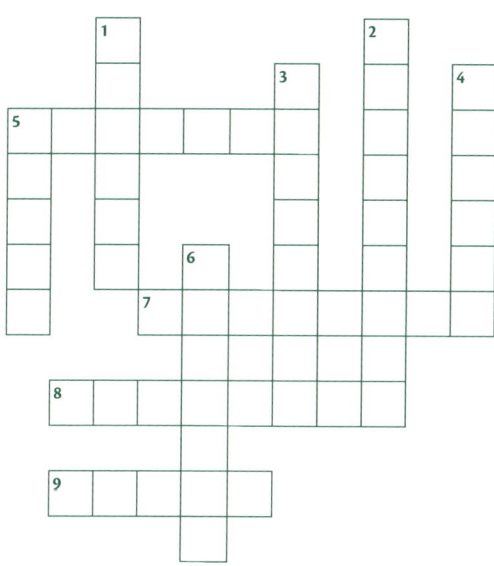

Senkrecht:

1 G __ __ T __ R (probieren)

2 G __ __ __ N __ T__ R (knabbern)

3 T__ __ __ Q __ __ R (anstoßen)

4 M __ __ G __ R (essen)

5 B __ __ R __ (trinken)

6 D __ __ O __ __ R (fressen)

Waagerecht:

5 B __ __ F __ __ R (essen *(fam.)*)

7 D__ __ __ __ __ __ R (kosten (z. B. Wein))

8 __ A __ __ __ R __ __ (genießen)

9 D __ __ __ R (zu Abend essen)

*Auflösung
Siehe nächste Seite*

TAG 19

Auflösung:

Senkrecht:

1 goûter **2** grignoter **3** trinquer **4** manger
5 boire **6** dévorer

Waagerecht:

5 bouffer **7** déguster **8** savourer **9** dîner

Erfolgs-Check

Übung absolviert am:	fiel mir leicht	möchte ich wiederholen
------------------------------------	☐	☐
------------------------------------	☐	☐
------------------------------------	☐	☐

Was haben Sie diese Woche geübt? Testen Sie sich!

1 Welche Lebensmittel sind hier versteckt?

   a GFRAMEO _____

   b BONMJA _____

   c EEUBRR _____

2 Welches Wort passt nicht in die Reihe?

   a tarte – viande – mousse au chocolat – sorbet – glace

   b agneau – légumes – bœuf – veau – coq

   c tomates – carottes – poireaux – crevettes – pommes de terre

3 Unterstreichen Sie die richtige Antwort!

   a Je prends un verre de / du vin.

   b On va acheter une douzaine / une barquette d'œufs.

   c Il vous faut les / des olives.

4 Schreiben Sie drei Mengenangaben auf.

   _____

   _____

   _____

5 Schreiben Sie drei andere Worte für *manger* auf.

   _____

   _____

   _____

➜ *Auflösung*
Siehe nächste Seite

TAG 20

Auflösung:

1 **a** fromage **b** jambon **c** beurre

2 **a** viande **b** légumes **c** crevettes

3 **a** de **b** une douzaine **c** des

4 une bouteille, une tranche, un verre, un
pot, un cageot, une barquette, une pincée,
un paquet de ...

5 grignoter, goûter, savourer, déguster, dîner,
bouffer, dévorer

Erfolgs-Check

Übung absolviert am:	fiel mir leicht ↓	möchte ich wiederholen ↓
--------------------------------	☐	☐
--------------------------------	☐	☐
--------------------------------	☐	☐

La cuisine française

Tartines oder Baguette mit Butter und Marmelade ... Schon das Frühstück *(petit déjeuner)* ist ein kleiner Vorgeschmack auf die legendäre französische Küche und bildet eine reizvolle Alternative zum Käsebrot. Dazu einen *café* und der Start in den Tag ist perfekt!

Zum Mittagessen *(déjeuner)* lockt ein Drei-Gänge-Menü *(menu complet)* mit *entrée*, *plat principal* und *dessert* oder die reduzierte Variante mit Hauptgang und Kaffee – genießen Sie es am besten zwischen 12 und 15 Uhr in einem der vielen Restaurants zu vernünftigen Preisen.

Die Mittagspause ist zu kurz? Viele Bäckereien *(boulangerie)* bieten verschiedene Menüs *(formule midi)* mit belegtem Baguette *(sandwich)*, Getränk und Nachtisch.

Das *dîner* bildet den kulinarischen Tagesabschluss: Frühestens um 19 Uhr, manchmal erst gegen 22 Uhr wird in drei Gängen gespeist – optional mit Aperitif *(apéro)* und natürlich Käse *(fromage)* vor dem Nachtisch.

Übrigens ist die lange und ausgeprägte Tradition französischer Esskultur seit 2010 sogar Teil des Weltkulturerbes: Die UNESCO würdigte damit das „gastronomische Mahl der Franzosen".

Tipp: Nutzen Sie die Gelegenheit zu einem klassischen französischen Menü. Vor allem in ländlichen Gegenden tischt manch traditionelles Restaurant noch bis zu sieben Gänge auf!

Bon appétit!

A. Lesen Sie den Dialog durch: Welches Verb gehört wohin? Setzen Sie die richtig konjugierte Form ein.

adorer – aimer – détester – préférer

- Qu'est-ce que vous faites quand vous ne travaillez pas ?
- **(1)** Moi, j' _____ lire. Je lis au moins un roman par semaine.
- **(2)** Moi aussi, j' _____ lire, mais je _____ faire du sport.

  J' _____ faire de l'escalade. Dès qu'il fait beau, je vais en montagne.
- **(3)** Ah non, le sport, ce n'est pas pour nous. Non, avec ma femme, nous

  _____ ça. Ce qu'on _____, nous, c'est aller au cinéma.
- **(4)** Le cinéma ? oui, j' _____ bien. Mais je _____ regarder

  des films sur Internet. Et toi ? Tu _____ ton travail, non ?
- **(5)** C'est vrai ! Je _____ mon travail. Alors quand je ne travaille pas,

  je suis très heureux. Et comme ma femme _____ faire la cuisine,

  quand elle ne travaille pas : on cuisine et on invite nos amis. Eux aussi, ils

  _____ : on cuisine bien !

B. Suchen Sie alle weiteren Verben, die Sie im Text gelesen haben, und geben Sie die jeweilige Grundform an.

_____

C. Schreiben Sie die erwähnten Freizeitaktivitäten auf.

_____

Auflösung
Siehe nächste Seite

TAG 22

Auflösung:

A. **1** adore **2** aime, préfère, adore
   3 détestons, aime/préfère **4** aime, préfère,
   détestes **5** déteste, adore, adorent
B. faites – faire; travaillez – travailler;
   lis – lire; fait – faire; vais – aller; est – être;
   travaille – travailler; suis – être;
   travaille – travailler; cuisine – cuisiner;
   invite – inviter
C. lire, faire du sport, faire de l'escalade,
   aller en montagne, aller au cinéma,
   regarder des films, faire la cuisine,
   inviter des amis

Erfolgs-Check

Übung absolviert am:

	fiel mir leicht ↓	möchte ich wiederholen ↓
-------------------------------	☐	☐
-------------------------------	☐	☐
-------------------------------	☐	☐

A. Ergänzen Sie die Konjugationstabelle des Verbs *faire*.

	faire
je	
tu	
il/elle/on	*fait*
nous	
vous	
ils/elles	

B. Schauen Sie sich die Bilder 1–8 an. Was machen die Personen? Benutzen Sie das Verb *faire* und die richtige Ergänzung – *faire du/de la/de l'*.

> la course à pied – l'escalade – la randonnée – la marche nordique –
> la natation – le patin à roulettes – le ski – le vélo

_____

_____

_____

_____

_____

→ Auflösung
Siehe nächste Seite

TAG 23

Auflösung:

A. je fais, tu fais, nous faisons, vous faites,
ils/elles font

B. 1 Elle fait du vélo.

2 Il fait de l'escalade.

3 Il fait de la randonnée.

4 Il fait de la natation.

5 Elle fait du patin à roulettes.

6 Il fait de la marche nordique.

7 Elle fait de la course à pied.

8 Elle fait du ski.

Erfolgs-Check

Übung absolviert am:	fiel mir leicht ↓	möchte ich wiederholen ↓
----------------------------------	☐	☐
----------------------------------	☐	☐
----------------------------------	☐	☐

Was macht man an unten stehenden Orten? Tragen Sie die Begriffe ein.

boire un verre – regarder un match de hockey – manger –
faire de la natation – fêter un anniversaire – jouer à la roulette –
faire de l'athlétisme – regarder un film – s'occuper de chevaux –
visiter une exposition – assister à un concert – choisir des livres –
faire du patin à glace – emprunter des films –
faire de l'équitation – nager – faire les magasins – danser –
déguster un menu – boire un cocktail – gagner / perdre de l'argent –
se baigner – jouer au football – admirer un tableau –
regarder une pièce – manger du pop-corn – faire du shopping –
faire du sport – lire

1 un restaurant _____

2 une discothèque _____

3 une salle de cinéma _____

4 un théâtre _____

5 un casino _____

6 une bibliothèque _____

7 un centre commercial _____

8 une piscine _____

9 une patinoire _____

10 un centre équestre _____

11 un musée _____

12 un stade _____

➔ *Auflösung*
Siehe nächste Seite

TAG 24

Auflösung:

1 manger, fêter un anniversaire, déguster un menu
2 boire un verre, fêter un anniversaire, danser, boire un cocktail
3 regarder un film, manger du pop-corn
4 assister à un concert, regarder une pièce
5 jouer à la roulette, gagner / perdre de l'argent
6 choisir des livres, emprunter des films, lire
7 faire les magasins, faire du shopping
8 faire de la natation, nager, se baigner, faire du sport
9 regarder un match de hockey, faire du patin à glace, faire du sport
10 s'occuper de chevaux, faire de l'équitation, faire du sport
11 visiter une exposition, admirer un tableau
12 regarder un match de hockey, faire de l'athlétisme, assister à un concert, jouer au football, faire du sport

Erfolgs-Check

Übung absolviert am:	fiel mir leicht	möchte ich wiederholen
	↓	↓
-----------------------------	☐	☐
-----------------------------	☐	☐
-----------------------------	☐	☐

A. Um welche Tiere handelt es sich? Finden Sie es heraus!

1   Il a quatre pattes, il est gourmand et il dort beaucoup. Il vit aussi bien à la ville
dans un appartement que dehors à la campagne : le HTCA. _____

2   C'est le meilleur ami de l'homme et l'animal préféré des Français : il a quatre
pattes, il est plus ou moins grand et il est très fidèle : le NICHE. _____

3   Il est grand, robuste, on peut monter sur son dos et parcourir des kilomètres :
le LACEVH. _____

4   Elle est très lente, porte sa maison sur son dos et se nourrit de salade :
la TTRUEO. _____

5   Il est plus ou moins long, mais toujours aussi dangereux. Il aime le chaud, mais
a le sang froid : le PENTRSE. _____

6   Quand on la voit, on pense toujours qu'elle se repose. Mais en fait, elle produit
du lait : la EHCAV. _____

7   Elle vit dans les fermes et est réveillée tous les jours à l'aube jour par son mari.
Elle produit des œufs : la PLEOU. _____

8   Elle est grise, toute petite et il paraît qu'elle fait peur aux éléphants, quand elle
ne fait pas le repas du chat : la SSUOIR. _____

B. Welches Tier passt nicht in die Reihe?

1   poule – vache – chien – serpent – cheval

2   chat – souris – chien – tortue – vache

3   crabe – saumon – truite – crevette – oiseau

→   *Auflösung*
Siehe nächste Seite

TAG
25

Auflösung:

A. **1** chat **2** chien **3** cheval **4** tortue
5 serpent **6** vache **7** poule **8** souris

B. **1** serpent **2** tortue **3** oiseau

Erfolgs-Check

Übung absolviert am:	fiel mir leicht ↓	möchte ich wiederholen ↓
-----------------------------------	☐	☐
-----------------------------------	☐	☐
-----------------------------------	☐	☐

Vergleichen Sie die Tiere miteinander!
Bilden Sie Sätze mit den unterschiedlichen Elementen.

1 chien		grand	chien
2 souris		gros	souris
3 chat		fort	chat
4 renard	plus	rapide	renard
5 oiseau	moins	beau	oiseau
6 hamster	aussi	petit	hamster
7 cheval		gourmand	cheval
8 poule		intelligent	poule

1 _____

2 _____

3 _____

4 _____

5 _____

6 _____

7 _____

8 _____

➔ *Auflösung*
Siehe nächste Seite

TAG
26

Lösungsvorschläge:

1 Le chien est plus petit que le cheval.
2 La souris est plus rapide que la poule.
3 Le chat est plus intelligent que le hamster.
4 Le renard est aussi grand que le chien.
5 L'oiseau est moins gros que la poule.
6 Le hamster est moins beau que le renard.
7 Le cheval est plus fort que le chat.
8 La poule est aussi gourmande que l'oiseau.

Erfolgs-Check

Übung absolviert am:	fiel mir leicht ↓	möchte ich wiederholen ↓
....	☐	☐
....	☐	☐
....	☐	☐

Was haben Sie diese Woche geübt? Testen Sie sich!

1 Schreiben Sie drei Verben auf *-er* und zwei auf *-re* auf!

_____ _____

_____ _____

_____

2 Was ist richtig?

  a je fai

  b je fait

  c je fais

3 Was passt nicht in die Reihe?

  a nager – natation – se baigner – piscine – stade

  b regarder un film – aller à un concert – faire du sport –
regarder une pièce de théâtre – admirer un tableau

  c bibliothèque – natation – escalade – football – danse

4 Welches Tier passt nicht zu der Definition?
Il a quatre pattes, il est petit, il vit dans une ferme.

  a le chien

  b le chat

  c le coq

5 Schreiben Sie Vergleichssätze.

  a Jean est _____ (+ *grand*) _____ Noémie.

  b Noémie est _____ (= *grand*) _____ Sophie.

  c Sophie _____ (– *grand*) _____ Marc.

*Auflösung
Siehe nächste Seite*

TAG
27

Auflösung:

1 aimer, détester, préférer, adorer, faire, être

2 c

3 **a** stade **b** faire du sport **c** bibliothèque

4 c

5 **a** plus grand que **b** aussi grande que
    c moins grande que

Erfolgs-Check

	fiel mir leicht	möchte ich wiederholen
Übung absolviert am:	↓	↓
----------------------------------	☐	☐
----------------------------------	☐	☐
----------------------------------	☐	☐

Allez les Bleus!

... blaue Trikots, weiße Hosen und rote Strümpfe – die *Équipe Tricolore* (französische Nationalmannschaft) ist eine der weltweit erfolgreichsten.

Fußball ist französischer Volkssport und man trifft sich auch gerne privat zum Spielen *(jouer au foot)*.

Auf Rang zwei folgt *rugby*, vor allem im französischen Südwesten. Kein Wunder: Durch die Hochzeit von *Aliénor d'Aquitaine* gehörte der *Sud-Ouest* drei Jahrhunderte lang zu England.

Alle vier Jahre findet die Rugby-Union-Weltmeisterschaft, *la coupe du monde de rugby à XV*, statt: zuletzt 2007 in Frankreich und 2011 in Neuseeland. Dort besiegte der Gastgeber Frankreich im Finale.

Eine weitere Großveranstaltung verbindet Landeskunde und Sport: Bei der *Tour de France* geht es nicht nur ums Radfahren *(cyclisme)* – die jährlich variierende Strecke führt durch die verschiedenen Regionen Frankreichs.

Übrigens: Folgendes Lied können Sie oft bei französischen Sportveranstaltungen hören, die Melodie (Griechischer Wein) wird Ihnen sicher bekannt sein:

Allez allez
Les bleus et blancs
De l'Aviron Bayonnais
C'est la Peña
C'est la Peña Baiona *
On est tous là
Allez les gars!

* Name des Rugbysportclubs aus der Stadt Bayonne

A. Ländernamen auf Französisch brauchen immer einen Artikel. Ergänzen Sie die Ländernamen mit dem passenden Artikel.

1 _____ France   2 _____ Allemagne   3 _____ Norvège

4 _____ Italie   5 _____ Pays-Bas   6 _____ Maroc

7 _____ Cameroun   8 _____ Russie   9 _____ États-Unis

10 _____ Vietnam   11 _____ Turquie   12 _____ Pologne

B. Notieren Sie die Konjugationsformen dieser Verben.

aller: je vais   _____

venir: je viens   _____

C. *Venir de* oder *aller à*: Ergänzen Sie den Text mit dem richtigen Verb und dem passenden Artikel.

1 Chaque été, je _____ _____ France en vacances.

2 Hannah _____ _____ Pologne. Elle est née à Varsovie.

3 Manon _____ _____ Maroc la semaine prochaine. Elle a gagné

un voyage.

4 Dean et Mary _____ _____ États-Unis. Ils vivent _____

Vietnam maintenant.

5 Ma famille _____ _____ Turquie, mais on habite _____

Allemagne.

6 Nous _____ _____ Cameroun pour trois semaines.

*Auflösung
Siehe nächste Seite*

TAG 29

Auflösung:

A. **1** la France **2** L'Allemagne **3** la Norvège
4 l'Italie **5** les Pays-Bas **6** le Maroc
7 le Cameroun **8** la Russie
9 les États-Unis **10** le Vietnam
11 la Turquie **12** la Pologne

B. **aller:** tu vas, il/elle/on va, nous allons, vous allez, ils/elles vont
venir: tu viens, il/elle/on vient, nous venons, vous venez, ils/elles viennent

C. **1** vais en **2** vient de **3** va au
4 viennent des, au **5** vient de, en
6 allons au

Erfolgs-Check

Übung absolviert am:	fiel mir leicht ↓	möchte ich wiederholen ↓
----------------------------------	☐	☐
----------------------------------	☐	☐
----------------------------------	☐	☐

A. Finden Sie die Gebäude und Orte im Buchstabensalat.

HOTELDEVILLEMAIRIEMUSEEPLACEIMMEUBLE
PARLEMENTTRIBUNALPALAISHOTELCHATEAU
MANOIRPORTMARCHECENTRECOMMERCIALPARC
GAREJARDINSBIBLIOTHEQUEGRATTECIELMAISON
RESTAURANTVILLAAEROPORT

B. Sortieren Sie die Wörter aus A in die folgenden Kategorien ein.
Bei manchen Begriffen gibt es mehrere Möglichkeiten.

1 On peut y habiter : _____

2 On peut y passer des vacances : _____

3 Résidence de princes : _____

4 On peut les visiter : _____

5 Bâtiment administratif : _____

6 On peut s'y promener : _____

7 On y rencontre des voyageurs : _____

8 On y fait les courses : _____

→ Auflösung
Siehe nächste Seite

TAG
30

Auflösung:

A. hôtel de ville, mairie, musée, place,
   immeuble, parlement, tribunal, palais,
   hôtel, château, manoir, port, marché,
   centre commercial, parc, gare, jardins,
   bibliothèque, gratte-ciel, maison,
   restaurant, villa, aéroport

B. 1 immeuble, palais, hôtel, château, manoir,
       gratte-ciel, maison, villa

    2 hôtel, château, manoir, maison, villa

    3 palais, château, manoir

    4 musée, jardins, bibliothèque, port,
       marché, centre commercial, restaurant,
       aéroport, place, palais, château, manoir,
       parc

    5 hôtel de ville, mairie, parlement, tribunal

    6 musée, jardins, place, marché, port, parc

    7 aéroport, port, gare, hôtel

    8 marché, centre commercial

Erfolgs-Check

	fiel mir leicht	möchte ich wiederholen
Übung absolviert am:	↓	↓
....	☐	☐
....	☐	☐
....	☐	☐

Zwei Kollegen, die unabhängig voneinander ihren Urlaub in Paris verbracht haben, berichten sich gegenseitig von ihren Erlebnissen. Lesen Sie den Dialog und kreuzen Sie die richtigen Antworten in der Tabelle an.

A: Le lundi, on est allés au Sacré-Cœur. Le temps était superbe.

B: Nous, on y est allés le mardi. Ça ne m'a pas plu: il y avait trop de monde.

A: Il y a aussi toujours des touristes au Louvre, mais c'est tellement grand !

B: Oui, il y a du monde devant la jonconde (Mona Lisa) mais sinon, on peut flâner sans problème ! On voulait aller au Louvre le mardi, mais les musées sont fermés le mardi ... c'est pour cela que nous sommes allés au Sacré-Cœur. Et le lendemain, on a visité la Basilique Saint-Denis.

A: Le mardi ?

B: Non, le mercredi !

A: Nous, on a visité le canal Saint-Martin en bateau et fait le marché le mercredi. Et le soir, on a mangé à la Tour Montparnasse. C'était grandiose ! Et délicieux ...

B: Nous, nous sommes allés au Lido le vendredi, c'était superbe ... Mais ce n'était pas notre dernier soir ! On est restés à Paris jusqu'au samedi.

A: Ah bon ! Mais qu'est-ce que vous avez encore vu ?

B: Versailles, le Centre Pompidou, et Euro Disney ...

A: De vraies vacances alors !

B: Pas vraiment, non ! Je suis rentrée plus fatiguée qu'avant de partir !

	vrai	faux	On ne sait pas.
1 B a visité le Louvre le mardi.			
2 A a eu beau temps au Sacré-Cœur.			
3 B a fait du bateau.			
4 A a visité la Basilique Saint-Denis.			
5 B est allée à Versailles.			

→ Auflösung
Siehe nächste Seite

**TAG
31**

Auflösung:

1 faux : le Louvre est fermé le mardi.
2 vrai 3 On ne sait pas : A a fait du bateau.
4 faux : B a visité la Basilique Saint-Denis. 5 vrai

Erfolgs-Check

Übung absolviert am:	fiel mir leicht	möchte ich wiederholen
-------------------------------------	☐	☐
-------------------------------------	☐	☐
-------------------------------------	☐	☐

**A. Welches Adjektiv beschreibt welches Fortbewegungsmittel am besten?
Verbinden Sie die beiden Spalten und bilden Sie Sätze wie im Beispiel.**

1 l'avion	touristique
2 le bateau	écologique
3 le train	économique
4 le bus	~~rapide~~
5 le métro	dangereux
6 la voiture	flexible
7 les rollers	ancien
8 le vélo	utilisé

1 L'avion est le moyen de transport le plus rapide.

2 _____

3 _____

4 _____

5 _____

6 _____

7 _____

8 _____

B. Welcher Fahrschein passt zu welchem Fortbewegungsmittel?

1 le billet   _____

2 le ticket   _____

3 la carte (d'embarquement) _____

➜ *Auflösung
Siehe nächste Seite*

TAG
32

Auflösung:

A. **2** Le bateau est le moyen de transport le plus ancien.

3 Le train est le moyen de transport le plus touristique.

4 Le bus est le moyen de transport le plus économique.

5 Le métro est le moyen de transport le plus utilisé dans les grandes villes.

6 La voiture est le moyen de transport le plus flexible.

7 Les rollers sont le moyen de transport le plus dangereux.

8 Le vélo est le moyen de transport le plus écologique.

B. **1** avion, train

2 bus, métro

3 avion, bateau

Erfolgs-Check

Übung absolviert am:	fiel mir leicht ↓	möchte ich wiederholen ↓
....	☐	☐
....	☐	☐
....	☐	☐

Finden Sie die zwölf Monate und die vier Jahreszeiten und ordnen Sie sie ein.

```
J  A  J  O  H  I  V  E  R  G  Z  M
A  U  U  J  R  W  C  L  X  R  F  N
L  L  I  E  A  U  T  O  M  N  E  F
P  A  L  N  O  V  E  M  B  R  E  P
E  G  L  H  Û  F  D  Y  F  V  J  R
É  S  E  P  T  E  M  B  R  E  A  I
H  T  T  S  H  R  A  I  K  E  N  N
K  Q  É  N  B  S  E  N  F  U  V  T
O  C  T  O  B  R  E  R  M  M  I  E
N  E  T  A  B  I  A  T  C  A  E  M
V  C  A  K  A  V  R  I  L  I  R  P
O  S  D  É  C  E  M  B  R  E  A  S
```

Les douze mois

_____   _____   _____

_____   _____   _____

_____   _____   _____

_____   _____   _____

Les quatre saisons

_____   _____

_____   _____

➜ *Auflösung*
Siehe nächste Seite

**TAG
33**

Auflösung:

Waagerecht: hiver, automne, novembre,
septembre, octobre, avril, décembre
Senkrecht: juillet, août, printemps, janvier, mai
Diagonal: février, juin, mars, été

Les douze mois: janvier, février, mars, avril,
mai, juin, juillet, août, septembre, octobre,
novembre, décembre
Les quatre saison: hiver, printemps, été,
automne

Erfolgs-Check

	fiel mir leicht	möchte ich wiederholen
Übung absolviert am:	↓	↓
....	☐	☐
....	☐	☐
....	☐	☐

Was haben Sie diese Woche geübt? Testen Sie sich!

1 Welcher Satz ist falsch?

    a Je vais en Maroc.

    b Je vais au Maroc.

    c Je viens du Maroc.

2 Ergänzen Sie das richtige Personalpronomen.

    a _____ vas

    b _____ venons

    c _____ vont

3 Wo begegnet man Reisenden am häufigsten?

_____

_____

4 Bilden Sie die Bezeichnungen für drei Fortbewegungsmittel aus diesen Buchstaben. Alle Buchstaben dürfen mehrmals verwendet werden.

MROLVBATUE

_____ _____ _____

5 Drei Monate fehlen. Welche?

janvier – mars – avril – juin – juillet – août – septembre –
novembre – décembre

_____ _____ _____

➜ *Auflösung*
Siehe nächste Seite

Auflösung:

1 a

2 **a** tu **b** nous **c** ils/elles

3 aéroport, port, gare, hôtel

4 métro, vélo, bateau

5 février, mai, octobre

Erfolgs-Check

	fiel mir leicht	möchte ich wiederholen
Übung absolviert am:	↓	↓
....	☐	☐
....	☐	☐
....	☐	☐

C'est les vacances!

Geschlossene Schulen und Unis, die Betriebe arbeiten auf Sparflamme und Paris wird von Touristen belagert ... Wo sind nur die Bewohnerinnen und Bewohner der französischen Hauptstadt geblieben?

Pünktlich zur *fête nationale*, die am 14. Juli an den Sturm auf die *Bastille* 1789 erinnert, packen die Franzosen ihre Koffer und fliehen ans Meer – erst Ende August kommen sie zurück.

Urlaubsziel Nr. 1 ist das eigene Land, lässt es doch keinen Reisewunsch offen: abwechslungsreiche Landschaften und schöne Strände, die raue Atlantikküste, das ruhigere Mittelmeer, idyllische Inseln wie Korsika und sogar Skigebiete bei Grenoble.

Außerhalb des europäischen Festlands begegnen Sie Französinnen und Franzosen am ehesten in einer **DROM (***département et région d'outre-mer***)**, wie z. B. *La Réunion* oder einer ehemaligen französischen Kolonie wie *Île Maurice*. Es wird Französisch gesprochen und die **DROM**, zum Beispiel *Martinique*, gehören offiziell zur *Métropole*. Die Einwohner wählen den Präsidenten der *République* und Zahlungsmittel ist der *euro*.

Bonnes vacances!

Beschriften Sie die Körperteile.

l'oreille – l'œil – la bouche – l'orteil – le pied – la main –
la poitrine – le bras – la jambe – le doigt – le genou – la tête –
le ventre – les cheveux – le cou – le nez

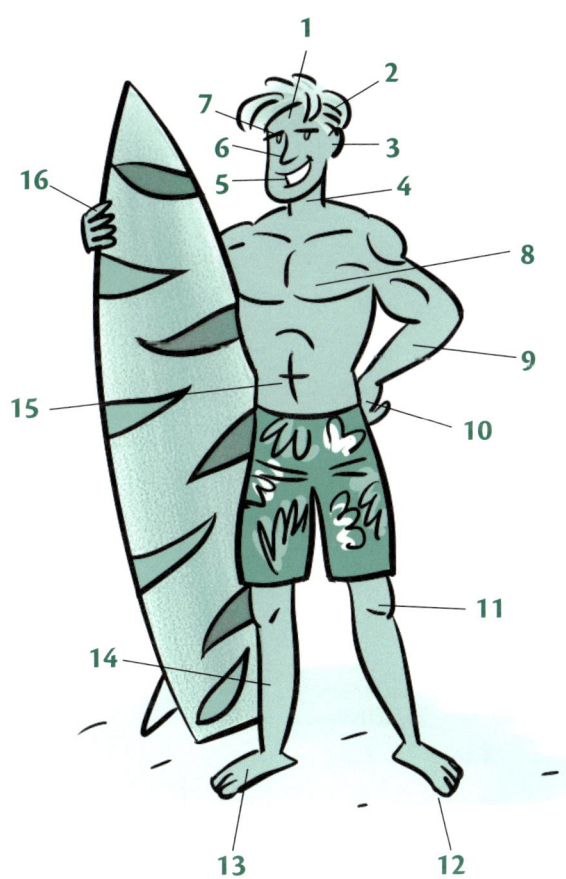

→ Auflösung
Siehe nächste Seite

TAG 36

Auflösung:

1 la tête = Kopf
2 les cheveux = Haare
3 l'oreille = Ohr
4 le cou = Hals
5 la bouche = Mund
6 le nez = Nase
7 l'œil = Auge
8 la poitrine = Brust
9 le bras = Arm
10 la main = Hand
11 le genou = Knie
12 l'orteil = Zeh
13 le pied = Fuß
14 la jambe = Beine
15 le ventre = Bauch
16 le doigt = Finger

Erfolgs-Check

A. Welches Wort passt nicht in die Reihe?

1 bottes – lunettes – baskets – sandales – mocassins

2 pull – chemise – débardeur – gilet – chaussettes

3 écharpe – casquette – chapeau – bonnet – béret

4 pantalon – jupe – short – montre – bermuda

5 bracelet – écharpe – bague – collier – manteau

6 veste – pardessus – parapluie – manteau – anorak

7 caleçon – slip – soutien-gorge – culotte – string

8 costume – baskets – jogging – maillot de bain – combinaison

B. Schreiben Sie fünf Kleidungsstücke für den Winter auf.

_____ _____ _____

_____ _____

C. Schreiben Sie fünf Kleidungsstücke für den Sommer auf.

_____ _____ _____

_____ _____

→ *Auflösung*
Siehe nächste Seite

TAG 37

Auflösung:

A. 1 lunettes 2 chaussettes 3 écharpe
4 montre 5 manteau 6 parapluie
7 soutien-gorge 8 costume

B. manteau, anorak, écharpe, bottes, bonnet

C. débardeur, jupe, bermuda, maillot de bain,
sandales, short, casquette

Erfolgs-Check

Übung absolviert am:	fiel mir leicht ↓	möchte ich wiederholen ↓
------------------------------------	☐	☐
------------------------------------	☐	☐
------------------------------------	☐	☐

A. Welche Farbe verbinden Sie am ehesten mit den angegebenen Begriffen?

bleu – rouge – vert – rose – gris – jaune – noir – blanc

1 sang   _____   **5** arbre   _____

2 marine   _____   **6** nuit   _____

3 bonbon   _____   **7** souris   _____

4 neige   _____   **8** tournesol   _____

B. Unterstreichen Sie die jeweils passende Erläuterung folgender idiomatischer Ausdrücke. *Et maintenant, vous allez en voir de toutes les couleurs ...*

1 être vert de rage : être malade / être en colère

2 rire jaune : se forcer à rire / rire fort

3 travailler au noir : travailler la nuit / travailler illégalement

4 être un cordon bleu : bien cuisiner / aimer manger

5 saigner à blanc : profiter de quelqu'un / aider quelqu'un

6 n'y voir que du bleu : ne rien comprendre / être amoureux

7 donner carte blanche à quelqu'un : ne pas le payer / lui laisser le choix

8 être blanc comme un cachet d'aspirine : être pâle / être malade

9 voir tout en noir : être pessimiste / être raciste

10 passer une nuit blanche : regarder les étoiles / ne pas dormir

11 être à l'eau de rose : être sentimental / sentir bon

12 voir rouge : être fatigué / être en colère

13 se mettre au vert : être écologique / se reposer

*Auflösung
Siehe nächste Seite*

Auflösung:

A. **1** rouge **2** bleu **3** rose **4** blanc **5** vert
6 noir **7** gris **8** jaune

B. **1** être en colère **2** se forcer à rire
3 travailler illégalement **4** bien cuisiner
5 profiter de quelqu'un
6 ne rien comprendre **7** lui laisser le choix
8 être pâle **9** être pessimiste
10 ne pas dormir **11** être sentimental
12 être en colère **13** se reposer

Erfolgs-Check

Übung absolviert am:	fiel mir leicht ↓	möchte ich wiederholen ↓
....	☐	☐
....	☐	☐
....	☐	☐

Jeden Tag ein bisschen ...
FRANZÖSISCH

TAG
39

Lösen Sie das Kreuzworträtsel, indem Sie die Zahlen auf Französisch eintragen.

1	91	7	40
2	60	8	30
3	8	9	0
4	14	10	79
5	13	11	11
6	80	12	16

→ Auflösung
Siehe nächste Seite

TAG
39

Auflösung:

1 quatre-vingt-onze **2** soixante **3** huit
4 quatorze **5** treize **6** quatre-vingts **7** quarante
8 trente **9** zéro **10** soixante-dix-neuf **11** onze
12 seize

Erfolgs-Check

	fiel mir leicht	möchte ich wiederholen
Übung absolviert am:	↓	↓
-----------------------------------	☐	☐
-----------------------------------	☐	☐
-----------------------------------	☐	☐

A. *Ce, cet, cette, ces*? Ergänzen Sie die Sätze mit dem richtigen Demonstrativbegleiter.

1 Regarde _____ casquette : elle est jolie non ?

2 _____ anorak a l'air bien chaud !

3 Je n'aime pas les couleurs de _____ bonnet.

4 Tu as vu _____ bottes ? Elles sont chouettes non ?

5 _____ vêtements sont très chers.

6 Vous voyez _____ jupe colorée ? Elle se vend très bien !

B. In diesen Sätzen fehlt ein Wort, das immer [sɛt] ausgesprochen wird. Wie wird es jedoch geschrieben: *Cet? cette? sept? Sète? c'est?*

1 Aurélie adore faire du shopping à _____ .

2 J'ai cours ce soir de cinq à _____ heures.

3 • Tu connais _____ fille ?

   • Non, mais j'en connais _____ autres !

4 Je suis très déçu par _____ homme.

5 _____ robe est jolie, mais elle ne va pas avec _____ anorak.

6 À _____ , il fait toujours beau !

7 Marie arrive demain, _____-à-dire mercredi.

8 Demain, Marc va manger avec ses _____ amis de la fac.

➔ *Auflösung
Siehe nächste Seite*

TAG
40

Auflösung:

A. **1** cette **2** cet **3** ce **4** ces **5** ces **6** cette

B. **1** Sète **2** sept **3** cette, sept **4** cet
5 cette, cet **6** Sète **7** c'est **8** sept

Erfolgs-Check

	fiel mir leicht	möchte ich wiederholen
Übung absolviert am:	↓	↓
....	☐	☐
....	☐	☐
....	☐	☐

Was haben Sie diese Woche geübt? Testen Sie sich!

1 Was gehört nicht zum Bein?

    a doigt

    b genou

    c pied

2 Was trägt man auf dem Kopf? Schreiben Sie vier Wörter auf.

    _____ _____

    _____ _____

3 Welche Farbe ergibt sich aus ...?

    a bleu et jaune   _____

    b blanc et noir   _____

    c rouge et blanc   _____

4 Schreiben Sie die Zahlen in Ziffern auf:

    a quatre-vingt-huit   _____

    b quinze   _____

    c cinquante   _____

5 Finden Sie die passende Übersetzung: *Dieser Mann hat mir diesen Stein gegeben.*

    a Cet homme m'a donné cette pierre.

    b Cette homme m'a donné cet pierre.

    c Sept homme m'a donné cette pierre.

➔ *Auflösung*
Siehe nächste Seite

TAG 41

Auflösung:

1 a
2 un béret, une casquette,
  un bonnet, un chapeau
3 **a** vert **b** gris **c** rose
4 88 – 15 – 50
5 a

Erfolgs-Check

	fiel mir leicht ↓	möchte ich wiederholen ↓
Übung absolviert am:		
----------------------------------	☐	☐
----------------------------------	☐	☐
----------------------------------	☐	☐

Faire du shopping

Große Plakate in allen Schaufenstern, Preissenkungen von bis zu 70 %, die Boutiquen sind überfüllt, nach Feierabend strömen die Menschen in die Fußgängerzonen: *C'est les soldes!*

Aufwändig angekündigt und freudig erwartet, finden im teuren Land der Mode zweimal im Jahr (Januar/Februar und Juli) Ausverkäufe statt. Es kann sich lohnen, nicht sofort zuzuschlagen: Mehrere Preissenkungen *(première / deuxième / troisième démarque)* erhöhen die Chance auf ein Schnäppchen, gleichzeitig wird aber die Auswahl *(choix)* kleiner.

Wenn der Reißverschluss an Ihrem Kleid nicht zugeht, liegt das nicht an der *cuisine française*, sondern an den Konfektionsgrößen *(tailles)*: Eine deutsche 38 entspricht einer französischen 40. Allgemein entwerfen französische Designer Kleidung eher für kleine, zierliche Frauen. Bei den Schuhen passt die gleiche Größe *(pointure)* wie zu Hause, aber es ist schwer, Damenschuhe über Größe 41 zu finden.

Männer haben es einfacher: Ganz entspannt können sie nach ihren gewohnten Größen suchen.

A. Jemand ruft in einem Hotel an, um ein Zimmer zu reservieren. Die Dialogteile sind jedoch durcheinandergeraten. Stellen Sie die richtige Reihenfolge wieder her.

1 • Très bien. Et vous voulez rester combien de nuits ?

   • On va rester trois nuits.

   • Attendez, je regarde si c'est possible ... Donc trois nuits du 22 au 25 novembre ... Oui, c'est possible.

   • Combien coûte la chambre ?

   • C'est 75 euros la nuit, sans le petit déjeuner. Le petit déjeuner coûte 15 euros.

   • On va prendre sans le petit déjeuner, pour trois nuits.

2 • Est-ce qu'on peut organiser un transfert de l'aéroport à notre hôtel pour vous ?

   • Euh, je ne sais pas ...Vous êtes loin de l'aéroport ?

   • Non, à un quart d'heure en voiture et une demi-heure en bus.

   • Il y a un changement de bus ?

   • Non, c'est direct. Vous aurez beaucoup de bagages ?

   • Non, juste une petite valise. On viendra donc en bus.

3 • Hôtel des Trois Roches, bonjour !

   • Bonjour, je vous appelle pour réserver une chambre.

   • Oui, une chambre simple ou double ?

   • Une chambre double, s'il vous plaît.

   • D'accord, je note : une chambre double. Et quand est-ce que vous allez arriver ?

   • On arrivera le 22 novembre à 17 heures à l'aéroport.

B. Unterstreichen Sie die Verben im Futur und geben Sie deren Grundform an.

Beispiel: *arrivera – arriver* oder *va rester – rester*

Auflösung
Siehe nächste Seite

TAG 43

Auflösung:

A. 3 – 2 – 1

B. allez arriver – arriver; arrivera – arriver;
aurez –avoir;
viendra – venir; va rester –rester;
va prendre – prendre

Erfolgs-Check

	fiel mir leicht	möchte ich wiederholen
Übung absolviert am:	↓	↓
....	☐	☐
....	☐	☐
....	☐	☐

A. Beschriften Sie die Möbel und Gegenstände im Hotelzimmer.

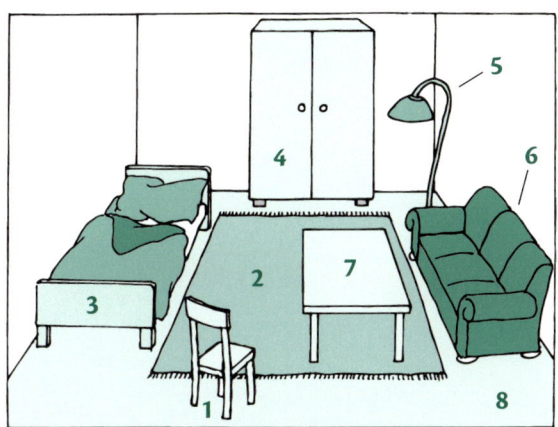

B. Ergänzen Sie die Sätze mit den felgenden Begriffen.

à côté de – en face de – sur – entre – derrière – devant – à droite – à gauche

1 La lampe est _____ du canapé.

2 L'armoire est _____ le canapé et le lit.

3 Le lit est _____ .

4 Le canapé est _____ du lit.

5 La table est _____ le tapis.

6 La lampe est _____ le canapé.

7 La chaise est _____ le tapis.

8 Le canapé est _____ .

→ *Auflösung*
Siehe nächste Seite

TAG 44

Auflösung:

A. **1** la chaise **2** le tapis **3** le lit **4** l'armoire
5 la lampe **6** le canapé **7** la table **8** le sol/
la moquette

B. **1** à côté **2** entre **3** à gauche **4** en face
5 sur **6** derrière **7** devant **8** à droite

Erfolgs-Check

	fiel mir leicht	möchte ich wiederholen
Übung absolviert am:	↓	↓
....	☐	☐
....	☐	☐
....	☐	☐

A. Bilden Sie das *participe passé* der folgenden Verben.

Beispiel: *demander – demandé*

1 réserver VEERRES   _____   6 descendre UDDESCEN   _____

2 être TEE   _____   7 voir UV   _____

3 avoir UE   _____   8 prendre SIRP   _____

4 partir ITRPA   _____   9 faire TIFA   _____

5 boire UB   _____   10 aller AELL   _____

B. Was ist geschehen? Benutzen Sie *avoir* oder *être*, um das *passé composé* zu bilden, und formen Sie das richtige *participe passé* von jeweils einem Verb aus A.

1 Marc et Sophie _____ une chambre d'hôtel à Toulouse.

2 Ils _____ de la chance : il _____ très beau.

3 Tu _____ une douche ce matin ?

4 Marie _____ en vacances à Cannes.

5 Nous _____ un très beau film sur Paris.

6 Je _____ chercher le journal à la réception.

7 Vous _____ déjeuner en ville à midi ?

8 Qu'est ce que vous _____ hier soir ?

9 Mes frères et sœurs _____ ici pendant une semaine.

10 Julie et Jean-Paul _____ de l'escalade hier.

 *Auflösung
Siehe nächste Seite*

TAG 45

Auflösung:

A. **1** réservé **2** été **3** eu **4** parti **5** bu
6 descendu **7** vu **8** pris **9** fait **10** allé

B. **1** ont réservé **2** ont eu, a fait **3** as pris
4 est partie/allée **5** avons vu **6** suis
descendu(e) **7** êtes allé(e)(s) **8** avez bu/fait
9 ont été **10** ont fait

Erfolgs-Check

Das Hotelzimmer entspricht nicht den Erwartungen des Kunden. Formulieren Sie seine Beschwerde, indem Sie die Satzteile in die richtige Reihenfolge bringen.

1 a – pas – chambre – douche – il – n' – y – de – dans – la

_____

2 n' – chambre – fait – la – dans – personne – ménage – a – le

_____

3 rien – minibar – il – n' – y – dans – a – le

_____

4 eau – il – a – y – la – chaude – dans – n' – plus – d' – salle de bains

_____

5 de – serviette – y – a – aucune – toilette – il – n'

_____

6 oreiller – un – le – il – a – sur – n' – y – qu'– lit

_____

7 téléphone – fonctionne – ne – pas – le

_____

8 a – n' – y – il – qu' – de – télévision – une – chaîne

_____

→ *Auflösung*
Siehe nächste Seite

TAG
46

Auflösung:

1 Il n'y a pas de douche dans la chambre.
2 Personne n'a fait le ménage dans la chambre.
3 Il n'y a rien dans le minibar.
4 Il n'y a plus d'eau chaude dans la salle de bains.
5 Il n'y a aucune serviette de toilette.
6 Il n'y a qu'un oreiller sur le lit.
7 Le téléphone ne fonctionne pas.
8 Il n'y a qu'une chaîne de télévision.

Erfolgs-Check

A. Was macht man im Bad? Was findet man im Badezimmer?
Streichen Sie die Begriffe durch, die nicht in die Reihe passen.

1 un évier – un lavabo – des toilettes – une douche – une baignoire

2 une brosse à dents – une brosse à cheveux – un peigne – une brosse à habits – des ciseaux

3 un savon – un dentifrice – un rasoir – une fourchette – un gel douche

4 une serviette – un peignoir – un torchon – un gant de toilette – une éponge

5 se peigner – se réveiller – se laver – se raser – se coiffer

6 s'épiler – se coiffer – se brosser les dents – se masser – courir

B. Finden Sie in A die Begriffe bzw. die Gegenstände, die ...

1 mit der Haarpflege zu tun haben.

_____

2 einem dienen, sauberer zu werden.

_____

3 mit der Mundhygiene zu tun haben.

_____

➜ *Auflösung*
Siehe nächste Seite

TAG 47

Auflösung:

A. **1** évier **2** brosse à habits **3** fourchette
4 torchon **5** se réveiller **6** courir

B. **1** une brosse à cheveux – un peigne –
se peigner – se coiffer
2 un lavabo – une douche – une baignoire
– une brosse à dents – un savon –
un gel douche – un gant de toilette –
une éponge – se laver – se brosser les dents
3 une brosse à dents – un dentifrice – se
brosser les dents

Erfolgs-Check

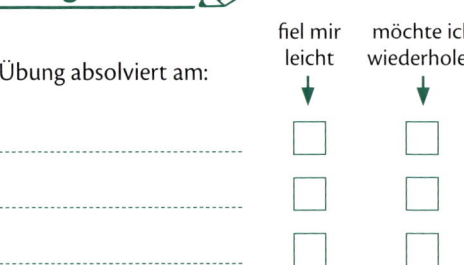

	fiel mir leicht	möchte ich wiederholen
Übung absolviert am:	↓	↓
....	☐	☐
....	☐	☐
....	☐	☐

Was haben Sie diese Woche geübt? Testen Sie sich!

1 Welche Form steht nicht im Futur?

    a il arrivera

    b il est arrivé

    c il va arriver

2 Übersetzen Sie die Sätze ins Französische.

    a Der Stuhl ist neben dem Tisch.

    _____

    b Das Sofa ist zwischen der Lampe und dem Stuhl.

    _____

    c Der Schrank ist hinter dem Bett.

    _____

3 Unterstreichen Sie das *participle passé*.

    a être: est – été – sera

    b avoir: eu – a – ont

    c prendre: prit – prennent – pris

4 Wie lautet die richtige Übersetzung für: *Dieses Hotel hat nur einen Stern.*

    a Cet hôtel a une étoile.

    b Cet hôtel n'a pas d'étoile.

    c Cet hôtel n'a qu'une étoile.

5 Welches Wort passt zu den Definitionen?

    a On l'utilise pour se laver les dents.   _____

    b On l'utilise pour prendre un bain.   _____

    c On l'utilise après le bain / la douche.   _____

➜ *Auflösung*
Siehe nächste Seite

TAG 48

Auflösung:

1 b

2 a La chaise est à côté de la table.

  b Le canapé est entre la lampe et la chaise.

  c L'armoire est derrière le lit.

3 a été **b** eu **c** pris

4 c

5 a la brosse à dents

  b la baignoire

  c la serviette, le peignoir

Erfolgs-Check

Übung absolviert am:	fiel mir leicht ↓	möchte ich wiederholen ↓
----------------------------------	☐	☐
----------------------------------	☐	☐
----------------------------------	☐	☐

Hôtel

Unterwegs in Frankreich, müde und auf der Suche nach einer guten und preiswerten Unterkunft? *C'est facile:* Die Preise *(prix)* für Zimmer *(chambre)* und Frühstück *(petit déjeuner)* stehen immer außen am Hotel. Einfach hingehen, nachschauen und einchecken.

Überlegen Sie sich genau, welche Ausstattung Sie wollen: mit Dusche *(douche)* oder Bad *(salle de bains)*, was für ein Bett *(lit simple, lit double, deux lits ...)*?

Jedes Bett (auch ein Doppelbett) hat immer nur eine Decke, oft eine Wolldecke *(couverture)* mit einem Laken *(drap)* darunter. Als Kopfkissen werden Sie *coussins* oder hin und wieder eine Nackenrolle *(traversin)* finden.

Den Standard Ihres 3-Sterne-Hotels *(hôtel trois étoiles)* können Sie einfach überprüfen: Die Einordnung nach Sternen *(étoiles)* durch das *Ministère chargé du tourisme* erfolgt nach strengen Kriterien und garantiert landesweite Vergleichbarkeit.

Sie haben keine Lust auf ein Hotel und wollen authentischer wohnen? Übernachten Sie doch in einem *gîte rural*, einer Ferienunterkunft auf dem Land. *Quelle aventure!*

Alors, bon séjour!

Welche Begriffe passen zu den jeweiligen Fortbewegungsmitteln?
Bei manchen Begriffen gibt es mehrere Möglichkeiten.

> monter – descendre – embarquer – composter – le péage – décoller –
> atterrir – le billet – le ticket – démarrer – pédaler – l'autoroute –
> la station d'essence – la selle – le hublot – la correspondance – la gare –
> l'aéroport – la piste cyclable – le transfert – la réservation

1 le bus _____ _____

_____ _____

_____ _____

2 le vélo _____ _____

_____

3 le train _____ _____

_____ _____

_____ _____

_____

4 l'avion _____ _____

_____ _____

_____ _____

5 la voiture _____ _____

_____ _____

_____

➜ Auflösung
Siehe nächste Seite

TAG
50

Auflösung:

1 monter – descendre – composter –
le ticket – la correspondance – démarrer –
la gare (routière)

2 la selle – pédaler – la piste cyclable

3 composter – le billet – la correspondance –
la gare – monter – descendre –
la réservation

4 embarquer – décoller – atterrir – le billet –
l'aéroport – le transfert – le hublot

5 le péage – démarrer – l'autoroute –
la station d'essence – le ticket (du péage)

Erfolgs-Check

	fiel mir leicht	möchte ich wiederholen
Übung absolviert am:	↓	↓
-----	☐	☐
-----	☐	☐
-----	☐	☐

Kreuzworträtsel: Geschäfte
Wo kauft man was ein?

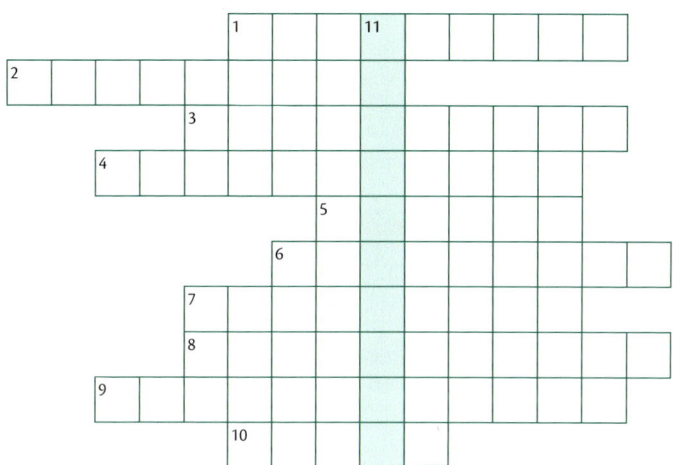

Waagerecht:

1 Quand on est malade, on y va pour chercher des médicaments.
2 On y achète des livres.
3 On y va quand on a besoin d'un spécialiste pour les gâteaux et les desserts.
4 On y va pour acheter du saucisson, du pâté, du jambon.
5 On y parle de notre argent.
6 On y achète de la viande.
7 On lui dit quelles fleurs on veut acheter.
8 On y achète notre pain chaque jour.
9 On y va pour acheter des produits de la mer et des fleuves.
10 On y va pour acheter des timbres ou pour chercher un paquet.

Senkrecht:

11 On y va si on ne veut pas manger à la maison.

→ Auflösung
Siehe nächste Seite

TAG
51

Auflösung:

Waagerecht:

1 pharmacie 2 librairie 3 pâtisserie
4 charcuterie 5 banque 6 boucherie 7 fleuriste
8 boulangerie 9 poissonnerie 10 poste

Senkrecht:

11 restaurant

Erfolgs-Check

A. Wo bin ich, wenn ich ...?

+ la pharmacie
❶ le café
❷ le supermarché
❸ la librairie
✉ le bureau de poste
❹ la boucherie
❺ le fleuriste
❻ le cinéma

Folgen Sie den Wegbeschreibungen. Sagen Sie, wo Sie angekommen sind.

1 Je pars de chez moi, je prends à gauche la rue Malherbes, et au croisement, je rentre dans le magasin à droite ? Je suis _____ .

2 Ensuite, je vais tout droit dans la rue du Roi de Prusse, je prends la première à droite, et après, la deuxième à droite. Je suis _____ .

3 Je vais ensuite à droite et je prends la deuxième rue à gauche. Je vais tout droit jusqu'au rond-point et je prends ensuite la troisième sortie.
Je suis _____ .

4 Ensuite, je prends la première rue à droite et je rentre dans un magasin sur la droite. Je suis _____ .

5 Je traverse la rue. Je suis _____ .

6 Je vais ensuite au rond-point, je prends la première sortie et au croisement, je vais à droite. Je suis _____ .

B. Beschreiben Sie nun den Weg nach Hause.

Je sors du cinéma, je vais _____

_____

→ *Auflösung*
Siehe nächste Seite

TAG 52

Auflösung:

A. 1 Je suis à la pharmacie.

2 Je suis devant la poste, en face de l'église.

3 Je suis au supermarché.

4 Je suis à la boucherie.

5 Je suis chez le fleuriste.

6 Je suis au cinéma.

B. Je sors du cinéma, je vais dans la rue du Roi de Prusse, à droite, et au deuxième croisement, je prends la rue à droite : la rue Malherbes. Je remonte la rue Malherbes jusqu'à la maison. Elle se trouve sur la droite.

Erfolgs-Check

Übung absolviert am:

	fiel mir leicht	möchte ich wiederholen
	↓	↓
....	☐	☐
....	☐	☐
....	☐	☐

**Julien hat sich in der Stadt auf dem Weg zu Maurices Wohnung verlaufen.
Er ruft ihn an und bittet um Hilfe. Unterstreichen Sie das richtige Verb.**

1 J: Salut Maurice, ça va / vous allez ?

2 M: Ah, salut Julien ! Mais tu es / vas où ? Je t'attends / t'ai attendu depuis 20 minutes !

3 J: Je suis / vais en route, mais je m'ai / me suis perdu …

4 M: Ah bon, mais tu es / restes où ?

5 J: Je suis / passe dans la rue du Lac, au feu rouge devant le supermarché.

6 M: Tu vas / es à l'angle du boulevard Victor Hugo ?

7 J: Je crois / pense, oui …

8 M: Mais tu vas / es complètement perdu ! Comment es- / as- tu arrivé là ?

9 J: Le problème, c'était le rond-point à la sortie de l'autoroute : là, j'ai / suis pris la première sortie et pas la deuxième …

10 M: Ah, d'accord … Bon alors maintenant, tu rentres / traverses le prochain carrefour et tu vas / tournes tout droit jusqu'au prochain rond-point.
J: Ok … tout droit donc …

11 M: Oui … Ensuite, tu prends / vas la deuxième sortie en direction de Megève, tu sors / passes devant une boulangerie, tu tournes / traverses à droite dans la rue de la République. Et là, j'habite / ai au numéro 15. Si tu veux, tourne / rentre dans la cour de l'immeuble pour te garer.

12 J: D'accord ! À tout de suite … Enfin, si je trouve / prends le chemin !
M: Bon courage ! Et à tout'

*Auflösung
Siehe nächste Seite*

TAG 53

Auflösung:

1 ça va 2 es, t'attends 3 suis, me suis
4 es 5 suis 6 es 7 crois 8 es, es
9 ai 10 traverses, vas 11 prends, passes,
tournes, habite, rentre 12 trouve

Erfolgs-Check

Übung absolviert am:	fiel mir leicht	möchte ich wiederholen
....	☐	☐
....	☐	☐
....	☐	☐

Qui, que, où ?
Wählen Sie das richtige Relativpronomen.

		a	b	c
1	La fille … traverse la rue à vélo est ma collègue.	que	qui	où
2	La rue … j'habite est très calme.	que	qui	où
3	Le carrefour … tu vois sur la droite est nouveau.	que	qui	où
4	La voiture … est garée sur le côté de la route est en panne.	que	qui	où
5	Le trajet … tu as fait en voiture est très long.	que	qui	où
6	Le rond-point … est Jean est très grand.	que	qui	où
7	Le feu rouge … est Place de la République est en panne.	que	qui	où
8	Le rond-point … tu vois devant toi est très dangereux.	que	qui	où
9	La rue … je suis est un cul-de-sac.	que	qui	où
10	Le parking … Jean est garé est très cher.	que	qui	où

➜ *Auflösung*
Siehe nächste Seite

TAG 54

Auflösung:

1 b – 2 c – 3 a – 4 b – 5 a
6 c – 7 b – 8 a – 9 c – 10 c

Erfolgs-Check

	fiel mir leicht	möchte ich wiederholen
Übung absolviert am:	↓	↓
----------------------------------	☐	☐
----------------------------------	☐	☐
----------------------------------	☐	☐

Was haben Sie diese Woche geübt? Testen Sie sich!

1 Finden Sie die passenden Oberbegriffe!

    a composter – gare – billet – réservation   _____

    b pédaler – piste cyclable   _____

    c station d'essence – autoroute – péage   _____

2 Um welches Geschäft handelt es sich?

    a CHERIEUOB   _____

    b TSEFLUERI   _____

    c AIRBLIEIR   _____

3 Schreiben Sie drei wichtige Verben für die Wegbeschreibung auf.

    _____

    _____

    _____

4 Finden Sie die französischen Wörter für:

    a der Kreisverkehr   _____

    b die Kreuzung   _____

    c Ampel   _____

5 Ergänzen Sie die Sätze mit den richtigen Relativpronomen.

    a C'est une ville _____ il fait bon vivre.

    b C'est une ville _____ j'aime beaucoup.

    c C'est la ville _____ me plaît le plus.

➔ *Auflösung*
Siehe nächste Seite

TAG 55

Auflösung:

1 **a** le train **b** le vélo **c** la voiture
2 **a** la boucherie **b** le fleuriste **c** la librairie
3 tourner, prendre, aller, traverser
4 **a** le rond-point **b** le carrefour/croisement
  c le feu (rouge)
5 **a** où **b** que **c** qui

Erfolgs-Check

Übung absolviert am:	fiel mir leicht	möchte ich wiederholen
----------------------------------	☐	☐
----------------------------------	☐	☐
----------------------------------	☐	☐

Les transports

Als Tourist fahren Sie am besten mit öffentlichen Verkehrsmitteln – das ist wesentlich günstiger als eine Taxifahrt. Tickets gibt es am Automaten. Noch preiswerter erkunden Sie die meisten Städte mit *carnets* (Fahrscheinhefte) für 5 oder 10 Fahrten. Sie planen einen längeren Aufenthalt? Vielleicht lohnt sich eine Wochen- oder Monatskarte *(forfait / abonnement)*. Wichtig: Werfen Sie Ihr *métro*-Ticket nicht weg, manchmal wird es beim Verlassen der U-Bahn erneut kontrolliert.

Mit dem Zug *(train)* können Sie Frankreich bequem bereisen, der *TGV (train à grande vitesse)* bringt Sie in nur 3 Stunden von Paris nach Marseille (662 km)!

Frankreich *(SNCF – Société nationale des chemins de fer français)*, die Schweiz *(CFF – Chemins de fer fédéraux suisse)* und Belgien *(SNCB – Société nationale des chemins de fer belges)* sind gut vernetzt – inzwischen fahren auch nicht mehr alle Züge über Paris.

Planen Sie Ihre Reise rechtzeitig und ergattern Sie Frühbucherrabatte *(prem's)*! Aber Vorsicht: *Prem's* kann man weder umtauschen noch stornieren.

Ne pas oublier: Ob Bus, U-Bahn, Straßenbahn oder Zug: Entwerten *(composter / valider)* Sie immer Ihr Ticket, auch das Monatsticket – sonst fahren Sie schwarz.

In Ruhe und mit max. 130 km/h fahren Sie auf französischen Autobahnen *(autoroutes)*. Für die Nutzung wird eine Maut fällig, die Sie an einer *péage* bezahlen. Außerdem gibt es *routes nationales (RN)*, die das ganze Land durchziehen, *routes départementales*, für die die *départements* verantwortlich sind und *chemins vicinaux*, kleinere Straßen.

Lesen Sie den Dialog im Restaurant. Kreuzen Sie die richtigen Antworten an.

A: Messieurs dames, bonjour ! Je peux vous apporter notre carte ?

B: Bonjour ! Oui, volontiers ! Merci ...

A: Vous avez choisi ?

B: Oui, je prends le menu à 25 euros, avec la salade de chèvre chaud en entrée et le coq au vin. Pour le dessert, je verrai plus tard. Et toi Marc, qu'est-ce que tu prends ?

C: Je ne prends pas de menu : j'hésite encore entre la formule plat du jour et le magret de canard. Qu'est-ce qu'il y a exactement dans la formule plat du jour ?

A: Vous avez une part de quiche aux légumes et un filet de lotte à l'estragon, plus un café pour 15 euros.

C: Hum ... Non, je vais prendre le magret de canard. Il est accompagné d'un gratin dauphinois, non ?

A: Oui, c'est ca. Comme le coq au vin d'ailleurs.

C: Très bien !

A: Et pour la cuisson ?

C: À point, s'il vous plaît.

A: D'accord et avec ceci, vous prendrez un vin ?

B: Ah oui, nous prenons un bordeaux.

A: Une bouteille ou une carafe ?

B: Une bouteille. Merci.

		vrai	faux
1	Les clients commandent d'abord les boissons.		
2	Les deux clients prennent une entrée.		
3	Le coq au vin doit être cuit à point.		
4	Les deux plats ont la même garniture.		

➜ *Auflösung*
Siehe nächste Seite

TAG
57

Auflösung:

1 faux   2 faux   3 faux   4 vrai

Erfolgs-Check

Übung absolviert am:

fiel mir
leicht

möchte ich
wiederholen

.... ☐ ☐

.... ☐ ☐

.... ☐ ☐

Ordnen Sie die folgenden Begriffe richtig zu.

> vin – carafe – verre – eau – couteau – saignant – bleu –
> bien cuit – cuillère – à point – fourchette – moelleux au chocolat –
> apéritif – assiette – tarte aux abricots – tasse – digestif –
> mousse au chocolat – délicieux – petite cuillère – immangeable

boissons	sur la table	plats	adjectifs

➜ Auflösung
Siehe nächste Seite

**TAG
58**

Auflösung:

boisson: vin – apéritif – digestif – eau
sur la table: carafe – verre – tasse – assiette –
cuillère – couteau – fourchette – petite cuillère
plats: moelleux au chocolat –
tarte aux abricots – mousse au chocolat
adjectifs: saignant – bleu – à point –
bien cuit – délicieux – immangeable

Erfolgs-Check

Übung absolviert am:

	fiel mir leicht	möchte ich wiederholen
----------------------------------	☐	☐
----------------------------------	☐	☐
----------------------------------	☐	☐

A. Finden Sie die Gegenteile heraus.

1 bien cuit   UELB   _____

2 petit   RNADG   _____

3 délicieux   GMMNBLEIAAE _____

4 sucré   LSEA   _____

5 apéritif   DITFSIEG   _____

6 bon   SAIAUMV   _____

7 relevé   DEFA   _____

8 froid   HUADC   _____

B. Ordnen Sie die Begriffe vom negativsten bis zum positivsten.

1 immangeable

2 excellent

3 bon

4 pas bon

5 délicieux

6 pas terrible

Antwort:

[−] _____ _____ _____ _____ _____ _____ [+]

➔ *Auflösung
Siehe nächste Seite*

TAG
59

Auflösung:

A. 1 bleu 2 grand 3 immangeable 4 salé
5 digestif 6 mauvais 7 fade 8 chaud
B. 1, 4, 6, 3, 5, 2

Erfolgs-Check

Übung absolviert am:	fiel mir leicht ↓	möchte ich wiederholen ↓
------------------------------------	☐	☐
------------------------------------	☐	☐
------------------------------------	☐	☐

L'addition, s'il vous plaît ! **Welches Wort passt wohin?**
Füllen Sie die Lücken mit den unten angegebenen Wörtern aus.

> addition – appareil – séparément – monnaie – liquide –
> chèque – partager – code – total – dessert – carte

Serveur: Vous avez fini ?

Anaïs: Oui merci …

Serveur: Vous prendrez un café ou un **(1)** _____ ?

Anaïs: Oui, moi, je prends un café.

Mathilde: Pour moi, ça ira, merci. Vous pouvez nous apporter l' **(2)** _____ ?

Serveur: Alors un café et l'addition !

Serveur: *(un peu plus tard)* Voilà votre café et l'addition … C'est pour qui ?

Mathilde: On paye **(3)** _____ . Enfin, si tu veux, Anaïs, on peut

(4) _____ …

Anaïs: Volontiers.

Serveur: Alors ça fait un **(5)** _____ de 43 euros 50.

Anaïs: Je peux payer par **(6)** _____ ?

Serveur: Oui, bien sûr …

Mathilde: Et moi, je vous règle en **(7)** _____ .

Serveur: Je vais chercher l' **(8)** _____ : je reviens tout de suite.

Serveur à Anaïs : *(un instant plus tard)* Voilà, alors je vous laisse faire votre

(9) _____ et valider.

Mathilde: Et vous avez la **(10)** _____ sur 100 euros?

Serveur: Ah non … mais vous pouvez me faire un **(11)** _____ si vous préférez …

Mathilde: D'accord.

Anaïs: Voilà … Merci et à bientôt.

 *Auflösung*
Siehe nächste Seite

TAG
60

Auflösung:

1 dessert **2** addition **3** séparément **4** partager
5 total **6** carte **7** liquide **8** appareil **9** code
10 monnaie **11** chèque

Erfolgs-Check

	fiel mir leicht	möchte ich wiederholen
Übung absolviert am:	↓	↓
--------------------------------	☐	☐
--------------------------------	☐	☐
--------------------------------	☐	☐

Devant oder *avant*? Derrière oder *après*? Wählen Sie aus!

1 On se lave toujours les mains _____ de manger.

2 Les toilettes sont _____ le bar.

3 _____ l'entrée, arrive le plat principal.

4 Personne n'aime manger à la table _____ les toilettes.

5 J'ai bu un café _____ mon dessert.

6 Je vais manger avec Claire : elle m'attend _____ le restaurant.

7 Notre voisin de table se cache _____ la carte !

8 _____ de passer au café, Mathieu aime prendre un petit digestif.

9 En face de chez moi _____ ma fenêtre, se trouve une boulangerie.

10 _____ de venir nous rejoindre, Claire est allée chez le dentiste.

➜ *Auflösung*
Siehe nächste Seite

TAG
61

Auflösung:

1 avant 2 derrière 3 après 4 devant 5 après
6 devant 7 derrière 8 avant 9 devant 10 avant

Erfolgs-Check

	fiel mir leicht	möchte ich wiederholen
Übung absolviert am:	↓	↓
------------------------------------	☐	☐
------------------------------------	☐	☐
------------------------------------	☐	☐

Was haben Sie diese Woche geübt? Testen Sie sich!

1 *Entrée, plat principal ou dessert ?*

    a salade de fruits _____

    b épaule d'agneau et julienne de légumes _____

    c quiche _____

2 Ergänzen Sie das richtige Personalpronomen zur Verbform.

    a _____ prennent

    b _____ prenez

    c _____ prend

3 Was ist gemeint ?

    a On s'en sert pour manger : la __ __ __ R __ __ E __ __ __

    b On s'en sert pour boire : le __ E __ __ E

    c On le dit quand ce qu'on mange ou boit est très bon :
        __ __ L __ __ __ E __ __

4 Nennen Sie drei Zahlungsarten:

_____   _____   _____

5 Ergänzen Sie die Sätze.

avant – après   devant – derrière

    a Quand on parle d'une action dans le temps,
        on utilise _____ et _____ .

    b Quand on parle d'une action dans l'espace,
        on utilise _____ et _____ .

➡ *Auflösung*
Siehe nächste Seite

TAG 62

Auflösung:

1 **a** dessert **b** plat principal **c** entrée
2 **a** ils/elles **b** vous **c** il/elle/on
3 **a** fourchette **b** verre **c** délicieux
4 en liquide – par carte – par chèque
5 **a** avant, après **b** devant, derrière

Erfolgs-Check

	fiel mir leicht	möchte ich wiederholen
Übung absolviert am:	↓	↓
------------------------	☐	☐
------------------------	☐	☐
------------------------	☐	☐

C'est l'heure de l'apéro !

On prend l'apéro? On prend un verre? – Folgen Sie der Einladung Ihrer französischen Kollegen und beginnen Sie den Feierabend mit der schönen französischen Tradition des Aperitiftrinkens im Café um die Ecke. Sie können sich auch extra zum *apéro* verabreden.

Was wird getrunken? Je nach Region Anisschnaps *(pastis)*, Bier *(bière)*, süßer Wein *(vin doux)* oder *whisky*. Wer keinen Alkohol mag, trinkt Cola *(coca)* oder einen *diabolo*, Limonade mit Sirup. Bier ist in Frankreich verhältnismäßig teuer, bestellen Sie lieber einen guten Wein.

Für den kleinen Hunger gibt es oft etwas zu knabbern *(grignoter)*: Erdnüsse *(cacahuètes)*, *chips* oder Hartwurst *(saucisson sec)*.

Beim Bezahlen *(payer)* im Café lassen Sie einfach das Geld auf dem Tisch liegen. Inklusive Trinkgeld *(pourboire)*, wenn Sie möchten.

Gut zu wissen: Lädt Sie ein Franzose zum *apéro* nach Hause ein, ist das keine Einladung zum Essen – nach dem Aperitif isst jeder bei sich.

Prost – *À la vôtre !*

Wilkommen in der Arbeitswelt!

1 Was gehört <u>nicht</u> auf einen Schreibtisch?

une agrafeuse – du papier – un ordinateur – une poubelle – un stylo

2 Was kann man in einem Büro <u>nicht</u> machen?

écrire – téléphoner – négocier – nager – discuter

3 Welches Möbelstück passt <u>nicht</u> in ein Büro?

une chaise – un frigo – un fauteuil – un bureau – une étagère

4 Welches Gerät braucht man <u>nicht</u>, um arbeiten zu können?

un ordinateur – un fax – une imprimante – une cafetière

5 Was passt <u>nicht</u> zu einem Computer?

un clavier – une souris – un réveil – un écran – une imprimante

6 Was kann man <u>nicht</u> zum Schreiben benutzen?

un crayon – une gomme – un stylo – un feutre – un marqueur

7 Ordnen Sie die Funktionen in der Firma hierarchisch.

secrétaire – chef de projet – assistant – ~~stagiaire~~ – directeur

stagiaire _____ _____ _____ _____

➜ *Auflösung
Siehe nächste Seite*

TAG 64

Auflösung:

1 une poubelle
2 nager
3 un frigo
4 une cafetière
5 un réveil
6 une gomme
7 stagiaire – secrétaire – assistant –
   chef de projet – directeur

Erfolgs-Check

Übung absolviert am:	fiel mir leicht	möchte ich wiederholen
....	☐	☐
....	☐	☐
....	☐	☐

Die folgenden Ausdrücke helfen Ihnen, am Telefon Ruhe zu bewahren. Setzen Sie sie in die Lücken ein.

> Un instant, s'il vous plaît – Vous pouvez parler plus lentement? – Vous pouvez répéter? – Pas si vite! – Je ne suis pas sûr/e de vous comprendre ... – Vous pouvez épeler? – Je répète. – Je n'ai pas compris.

A: Bonjour, Madame Lugnier. C'est Monsieur Guillemet à l'appareil. Je vous appelle pour déplacer notre rendez-vous de mardi.

B: (1) _____ j'ouvre mon agenda. Monsieur comment?
(2) _____

A: Monsieur Guillemet.

B: Hum, je ne vous trouve pas ... **(3)** _____?

A: Bien sûr: G.U.I.L.L.E.M.E.T.

B: Je vous entends très mal. **(4)** _____?

A: Mais bien sûr ... G.U.I.L.L.E.M.E.T.

B: (5) _____ S'il vous plaît!

A: Alors encore une fois ... G.U.I.L.L.E.M.E.T

B: Ah oui! Vous travaillez pour l'association partenaire, c'est ça?

A: Oui, c'est ça ... On voulait parler du problème de communication, ce mardi à 15 heures. Est-ce que ce serait aussi possible mercredi à 13 heures?

B: (6) _____ Mercredi à 13 ou à 15 heures?

A: À 13 heures.

B: Monsieur Guillemet, s'il vous plaît, **(7)** _____?
Je vous comprends très mal.

A: Alors **(8)** _____! À 13 heures.

➔ *Auflösung*
Siehe nächste Seite

TAG 65

Auflösung:

1 un instant, s'il vous plaît …
2 Je n'ai pas compris.
3 Vous pouvez épeler?
4 Vous pouvez répéter?
5 Pas si vite !
6 Je ne suis pas sûre de vous comprendre …
7 Vous pouvez parler plus lentement?
8 je répète

Erfolgs-Check

Übung absolviert am:

	fiel mir leicht	möchte ich wiederholen
....	☐	☐
....	☐	☐
....	☐	☐

Lesen Sie die drei E-Mails und ordnen Sie richtig zu.

amical _____

neutre _____

formel _____

---

1 Madame,
Comme convenu lors de notre réunion de ce matin, je joins à ce mail le compte rendu de notre entretien.
Sincères salutations
Joceline Leconte

---

2 Bonsoir,
En pièce jointe vous trouverez le compte rendu de notre réunion de ce matin. Bonne lecture !
Cordialement
Joceline Leconte

---

3 Salut,
Voilà le compte rendu de ce matin !
Bonne lecture et à +
Joceline

→ *Auflösung*
Siehe nächste Seite

TAG
66

Auflösung:

amical: 3
neutre: 2
formel: 1

Erfolgs-Check

Übung absolviert am:

fiel mir
leicht

möchte ich
wiederholen

‑‑‑‑‑‑‑‑‑‑‑‑‑‑‑‑‑‑‑‑‑‑‑‑‑‑‑‑‑‑‑‑‑ ☐ ☐

‑‑‑‑‑‑‑‑‑‑‑‑‑‑‑‑‑‑‑‑‑‑‑‑‑‑‑‑‑‑‑‑‑ ☐ ☐

‑‑‑‑‑‑‑‑‑‑‑‑‑‑‑‑‑‑‑‑‑‑‑‑‑‑‑‑‑‑‑‑‑ ☐ ☐

Verben und ihre Ergänzungen. Fügen Sie die richtige bzw. richtigen Ergänzungen zum jeweiligen Verb hinzu.

> quelqu'un – quelque chose – à quelqu'un –
> à quelque chose – quelque chose à quelqu'un

Beispiel: écrire – *à quelqu'un*

1 appeler   _____

2 rappeler   _____

3 envoyer   _____

4 répondre   _____

5 raccrocher   _____

6 passer   _____

7 transmettre   _____

8 éteindre   _____

➜ Auflösung
Siehe nächste Seite

TAG
67

Auflösung:

1 quelqu'un
2 quelqu'un
3 quelque chose à quelqu'un
4 à quelqu'un / à quelque chose
5 quelque chose
6 quelqu'un / quelque chose à quelqu'un
7 quelque chose à quelqu'un
8 quelque chose

Erfolgs-Check

Übung absolviert am:	fiel mir leicht ↓	möchte ich wiederholen ↓
....	☐	☐
....	☐	☐
....	☐	☐

Bringen Sie die Buchstaben in die richtige Reihenfolge und ordnen Sie den Ausdrücken die deutsche Übersetzung zu.

> Verbindung – Durchwahl – Vorwahl – klingelt – eine
> Nachricht hinterlassen – Anrufbeantworter – besetzt –
> erreichen – Nachrichten – erreichen – Bleiben Sie dran

1 Vous voulez parler à Monsieur Julien. QIUPEZETTSAN _____

s'il vous plaît. Je vous le passe.

2 Quel est l' FITINDACI _____ de votre ville ?

3 Pouvez-vous me donner le numéro de votre INELG _____

RECTEDI _____ ?

4 Marie a deux nouveaux SSAESGME _____ ...

5 Le téléphone NNOSE _____ souvent !

6 J'essaie de IONERDJ _____ Paul depuis ce matin !

7 Son téléphone est toujours CPUCEO _____ ...

8 Je vous entends mal. La LINEG _____ est mauvaise.

9 Marie déteste parler sur un OPNEURRDE _____ .

10 J'ai un appel en absence, mais personne n'a ISALSE _____

de ASSEEMG _____ .

➜ *Auflösung*
Siehe nächste Seite

TAG 68

Auflösung:

1 Ne quittez pas – Bleiben Sie dran **2** indicatif
– Vorwahl **3** ligne directe – Durchwahl
4 messages – Nachrichten **5** sonne – klingelt
6 joindre – erreichen **7** occupé – besetzt
8 ligne – Verbindung
9 répondeur – Anrufbeantworter
10 laissé de message – eine Nachricht
hinterlassen

Erfolgs-Check

	fiel mir leicht	möchte ich wiederholen
Übung absolviert am:	↓	↓
....	☐	☐
....	☐	☐
....	☐	☐

Was haben Sie diese Woche geübt? Testen Sie sich!

1 Nennen Sie drei Geräte, die sich im Büro befinden.

_____ _____ _____

2 Sie möchten, dass die Person, mit der Sie reden, langsamer spricht. Was sagen Sie?

   a Tu peux répéter ?

   b Je n'ai pas compris.

   c Pas si vite !

3 Wie verabschieden Sie sich in einer „neutralen" E-Mail?

   a à +

   b Cordialement

   c Sincères salutations

4 Ergänzen Sie die Sätze.

   a J'ai téléphoné _____ Martine.

   b Julien a envoyé _____ mail _____ sa sœur.

   c Léon a répondu _____ mon mail.

5 Was passt zu diesen Definitionen?

   a Ce sont les premiers chiffres dans un numéro de téléphone.

   _____

   b On l'utilise pour laisser un message. _____

   c Autre verbe pour « téléphoner à quelqu'un ». On peut aussi utiliser ce verbe

   quand on envoie un mail avec des documents. _____

 *Auflösung
Siehe nächste Seite*

TAG
69

Auflösung:

1 l'ordinateur – l'imprimante – le téléphone –
le fax – la photocopieuse

2 c

3 b

4 a à b un, à c à

5 a l'indicatif b le répondeur c joindre

Erfolgs-Check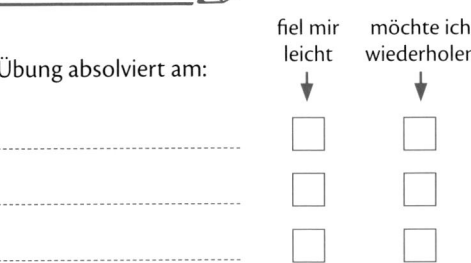

	fiel mir leicht	möchte ich wiederholen
Übung absolviert am:	↓	↓
-------------------------------------	☐	☐
-------------------------------------	☐	☐
-------------------------------------	☐	☐

Allô?

Dring, dring ... **allô?** In Frankreich beginnen Sie ein Telefongespräch nach dem Abheben des Hörers mit **allô** oder **allô bonjour**, niemals mit dem Namen oder der Firma. **Attention: allô** benutzt man nur in diesem Zusammenhang – nicht mit „hallo" verwechseln!

GHT2V1 * – Vielleicht haben Sie schon mal eine ähnlich verschlüsselte Nachricht von französischen Freunden bekommen? Das Handy **(portable)** ist aus dem französischen Kommunikationsalltag nicht mehr wegzudenken und es hat sich eine regelrechte SMS-Sprache entwickelt. Um die 160 Zeichen optimal zu nutzen, sind zahlreiche Abkürzungen und alternative Schreibweisen entstanden:

2ri1	de rien	**jé**	j'ai
6né	ciné	**kan/kand**	quand
A+	à plus	**keske**	qu'est-ce que ...?
a2m1	à demain	**koi29**	quoi de neuf?
b1sur	bien sûr	**parske**	parce que
BCP	beaucoup	**pkoi**	pourquoi?
biz	bises	**rdv**	rendez-vous
CAD	c'est-à-dire	**slt**	salut
cé	c'est	**STP/SVP**	s'il te/vous plaît
d'ac/dak	d'accord	**tjs**	toujours
DSL	désolé	**V1**	viens

Tipp: Lesen Sie die Abkürzungen laut vor, dann kommen Sie auf die Bedeutung.

* J'ai acheté du vin.

A. Hauptsache frei ... Verbinden Sie die deutschen Namen der Feiertage mit der französischen Entsprechung.

1	Christi Himmelfahrt	**a**	la Fête nationale
2	Ostern	**b**	la Toussaint
3	Weihnachten	**c**	Mardi gras
4	National Feiertag	**d**	Pâques
5	Pfingsten	**e**	la Fête des Rois
6	Alle Heilligen	**f**	la Pentecôte
7	Fastnacht	**g**	Noël
8	drei Könige	**h**	l'Ascension
9	Neujahrstag	**i**	la Fête du Travail
10	Tag der Arbeit	**j**	le jour de l'an

B. In welchen Monaten sind diese Feiertage?

1 _____   9 _____

2 _____   10 _____

3 _____

4 _____

5 _____

6 _____

7 _____

8 _____

→ Auflösung
Siehe nächste Seite

TAG
71

Auflösung:

A. **1** h – **2** d – **3** g – **4** a – **5** f –
  6 b – **7** c – **8** e – **9** j – **10** i

B. **1** mai / juin
  2 mars / avril
  3 décembre
  4 juillet
  5 mai / juin
  6 novembre
  7 février
  8 janvier
  9 janvier
  10 mai

Erfolgs-Check

Übung absolviert am:

	fiel mir leicht	möchte ich wiederholen
----------------------------------	☐	☐
----------------------------------	☐	☐
----------------------------------	☐	☐

A. Die Possessivbegleiter sind im Buchstabensalat versteckt. Finden Sie sie.

```
F  V  O  N  C  L  E  S  M  E  R  E
E  E  T  E  O  S  A  F  E  F  R  Z
T  S  O  T  L  E  U  R  S  T  I  U
E  S  B  S  L  S  X  A  T  M  A  M
V  O  T  R  E  B  A  C  G  D  M  O
O  N  N  A  G  D  V  O  I  S  I  N
L  T  S  S  U  S  D  U  D  A  U  U
E  P  A  R  E  N  T  S  C  F  H  Z
U  A  N  N  U  A  G  I  M  V  E  T
R  U  S  O  S  D  C  N  O  T  R  E
I  S  E  O  S  Y  O  I  L  O  D  S
S  E  V  R  E  X  R  O  I  N  O  S
```

**B. Welche Possessivbegleiter passen zu den angegebenen Wörtern?
Achten Sie auf das Genus der einzelnen Wörter und geben Sie alle möglichen
Antworten an.**

Beispiel: père – *mon, ton, son, notre, votre, leur*

1 mère _____

2 filles _____

3 amie _____

4 oncle _____

5 frères _____

6 amis _____

➜ *Auflösung
Siehe nächste Seite*

TAG 72

Auflösung:

A. **Waagerecht:** sa, ma, leurs, votre, notre, nos
Senkrecht: leur, son, ton, mon, mes, tes, ses
Diagonal: vos, ta

B. **1** ma, ta, sa, notre, votre, leur
2 mes, tes, ses, nos, vos, leurs
3 mon, ton, son, notre, votre, leur
4 mon, ton, son, notre, votre, leur
5 mes, tes, ses, nos, vos, leurs
6 mes, tes, ses, nos, vos, leurs

Erfolgs-Check

Übung absolviert am:

	fiel mir leicht	möchte ich wiederholen
-----------------------------------	☐	☐
-----------------------------------	☐	☐
-----------------------------------	☐	☐

A. Wie heißen die vier Formen von *tout*?

_____ _____ _____ _____

B. Ergänzen Sie die Sätze mit der korrekten Form von *tout*.

1 _____ les ans, on fête l'anniversaire de Juliette au restaurant.

2 _____ sa famille est là.

3 _____ ses amis aussi.

4 Mais aussi _____ ses voisines et _____ ses voisins.

5 C'est toujours drôle : elle parle _____ le temps et on rigole

beaucoup.

6 _____ les serveuses connaissent bien Juliette : elle vient manger

dans ce restaurant _____ les jours à midi.

7 Et _____ les fois, c'est délicieux !

8 Enfin, c'est ce que disent _____ les clients.

➜ Auflösung
Siehe nächste Seite

**TAG
73**

Auflösung:

A. tout, toute, tous, toutes

B. 1 tous 2 toute 3 tous 4 toutes, tous
    5 tout 6 toutes, tous 7 toutes 8 tous

Erfolgs-Check

	fiel mir leicht	möchte ich wiederholen
Übung absolviert am:	↓	↓
-----------------------------	☐	☐
-----------------------------	☐	☐
-----------------------------	☐	☐

Lesen Sie die Kurzbeschreibungen der Personen und suchen Sie in der Liste der Gegenstände das jeweils passende Geschenk.

un jouet – un sac à main – un ballon – un livre – un repas au restaurant – un pull

1 Max a 13 ans. Il adore le sport et il aime bien jouer avec ses copains. Il est toujours dehors et rêve de devenir footballeur.

_____

2 Danielle a 50 ans. Elle est très élégante et la mode, c'est sa passion. Son conseil : toujours avoir le bon accessoire.

_____

3 Noémie aime bien sortir, voir du monde et surtout, faire la fête …

_____

4 Gérard a 60 ans. Il est très calme et adore être chez lui, assis devant sa cheminée.

_____

5 Fabien a 5 ans. Il joue tout le temps et dit toujours qu'il a besoin de nouvelles choses …

_____

6 Marianne, 38 ans, a toujours froid. En été, comme en hiver …

_____

Auflösung
Siehe nächste Seite

TAG
74

Auflösung:

1 un ballon 2 un sac à main
3 un repas au restaurant 4 un livre
5 un jouet 6 un pull

Erfolgs-Check

Die Ortspräpositionen!
Wo feiern folgende Personen Weihnachten? Ergänzen Sie die Sätze mit den passenden Präpositionen.

1 Marc fête Noël _____ montagne, _____ le Jura,

_____ ses parents.

2 Julie va fêter Noël _____ Paris, _____ une amie.

3 Léo ne sait pas encore trop : peut-être _____ les Alpes,

avec des copains.

4 Christiane passera Noël cette année encore _____ plage.

5 Fabien est chirurgien et cette année il fêtera Noël avec ses collègues

_____ travail : _____ hôpital.

6 Mario ira _____ sa famille _____ Italie.

➔ *Auflösung*
Siehe nächste Seite

TAG
75

Auflösung:

1 en, dans, chez 2 à, chez 3 dans
4 à la 5 au, à l' 6 dans, en

Erfolgs-Check

	fiel mir leicht	möchte ich wiederholen
Übung absolviert am:	↓	↓
-----	☐	☐
-----	☐	☐
-----	☐	☐

Was haben Sie diese Woche geübt? Testen Sie sich!

1 *Noël – Pâques – La Pentecôte – l'Ascension*:
Stellen Sie die Chronologie wieder her.

_____

2 Welche Possessivbegleiter passen zu *maris*?

   a mon, ton, son

   b mes, tes, ses

   c nos, vos, leurs

3 Was ist richtig?

   a Tout les jours, il se douche.

   b Toutes les jours, il se douche.

   c Tous les jours, il se douche.

4 Welche Wörter verstecken sich dahinter?

   a LLPU   _____

   b LLABNO   _____

   c UOTEJ   _____

5 Was ist richtig?

   a Il fêtera son anniversaire en été dans la montagne.

   b Il est en vacances en Provence, à Gordes.

   c Il est aux Alpes, dans Grenoble.

➔ *Auflösung*
Siehe nächste Seite

TAG 76

Auflösung:

1 Pâques – l'Ascension – la Pentecôte – Noël
2 c
3 c
4 a pull b ballon c jouet
5 b

Erfolgs-Check

Übung absolviert am:

	fiel mir leicht	möchte ich wiederholen
----------------------------------	☐	☐
----------------------------------	☐	☐
----------------------------------	☐	☐

Les jours fériés

Geschlossene Geschäfte, die Straßenbahn steht still – eigentlich wollten Sie shoppen gehen, doch stattdessen treffen Sie auf Demonstrationen und bekommen Maiglöckchen *(muguet)* geschenkt? Dann ist der 1. Mai, *la Fête du Travail*. Dieser Feiertag wird in Frankreich sehr ernst genommen: Hier hat wirklich alles zu, und wenn Sie Pech haben, müssen Sie nach Hause laufen.

Weitere gesetzliche Feiertage in den französischsprachigen Ländern:

Das französische Jahr beginnt am *Jour de l'an* bzw. *Nouvel an*. Am Vorabend wird Silvester *(Saint-Sylvestre)* mit Freunden zu Hause oder auch im Restaurant gefeiert. Knaller sind übrigens kaum verbreitet!

Am 8. Mai feiert Frankreich das Ende des 2. Weltkriegs, *la Capitulation de l'Allemagne et la fin de la Seconde Guerre mondiale*. Der Präsident der Republik legt Blumen unter den *Arc de Triomphe* auf *la tombe du soldat inconnu* (Grab des unbekannten Soldaten).

Der 14. Juli ist mit Sicherheit der bekannteste und meist gefeierte Tag Frankreichs: *la Fête nationale française*. Schon am Abend zuvor finden traditionell Partys *(bals des pompiers)* statt, die von der Feuerwehr organisiert werden. Am Tag selbst wird überall gefeiert und auf den *Champs-Élysées* findet eine große Militärparade *(défilé militaire)* statt.

Verpassen Sie auf keinen Fall das riesige Feuerwerk *(feu d'artifice)* mit Musik am Eiffelturm – häufig kommen über eine Million Zuschauer!

Der 11. November erinnert an das Ende des 1. Weltkriegs, *l'Armistice de la Première Guerre mondiale*. Mit Umzügen und der Verlesung ihrer Namen wird der gefallenen Soldaten gedacht.

Vive la liberté!

A. Welches Wort wird gesucht?

1 Il y en a 60 par heure : une   M __ __ __ __ __.

2 Il y en a 24 par jour : une   __ E __ __ __.

3 Il y en a 365 ou 366 par an : un   __ __ __ R.

4 Il y en a 52 par an : une   __ __ M __ __ __ E.

5 Elle se compose de 4 saisons : une   A __ __ __ E.

6 C'est le troisième jour de la semaine :   __ __ R __ __ __ D __.

7 C'est le dernier jour de la semaine :   __ __ __ A __ __ __ E.

8 C'est le quatrième jour de la semaine : __ __ U __ __.

B. Welche Wochentage fehlen noch?

_____

_____

➜ *Auflösung
Siehe nächste Seite*

TAG 78

Auflösung:

A. 1 minute 2 heure 3 jour 4 semaine
    5 année 6 mercredi 7 dimanche 8 jeudi
B. lundi, mardi, vendredi, samedi

Erfolgs-Check

	fiel mir leicht	möchte ich wiederholen
Übung absolviert am:	↓	↓
------------------------------------	☐	☐
------------------------------------	☐	☐
------------------------------------	☐	☐

A. *Quelle heure est-il?* Wählen Sie die richtige Antwort.

		a	b	c
1	Il est huit heures et quart.	8h45	8h15	8h04
2	Il est midi moins le quart.	11h45	00h15	12h45
3	Il est minuit.	8h00	0h00	12h00
4	Il est trois heures et demie.	14h30	2h30	3h30
5	Il est huit heures moins vingt-cinq.	7h35	8h35	8h25
6	Il est midi et demie.	12h15	12h30	12h45

B. Tragen Sie die Uhrzeiten ein.

1 _____

2 _____

3 _____

4 _____

5 _____

6 `07:05` _____

7 `16:30` _____

8 `09:15` _____

9 `01:45` _____

10 `18:18` _____

→ *Auflösung*
Siehe nächste Seite

TAG 79

Auflösung:

A. 1 b – 2 a – 3 b – 4 c – 5 a – 6 b

B.
1 Il est huit heures.

2 Il est trois heures et demie.

3 Il est onze heures et quart.

4 Il est midi dix.

5 Il est quatre heures moins vingt.

6 Il est sept heures cinq.

7 Il est seize heures trente.

8 Il est neuf heures et quart.

9 Il est deux heures moins le quart.

10 Il est dix-huit heures dix-huit.

Erfolgs-Check

	fiel mir leicht	möchte ich wiederholen
Übung absolviert am:	↓	↓
-----------------------------------	☐	☐
-----------------------------------	☐	☐
-----------------------------------	☐	☐

A. *Depuis, ça fait* oder *il y a*? Wählen Sie aus!

1 Avec Josiane, on s'est rencontrés _____ 25 ans.

2 _____ qu'on se connaît, on se raconte tout.

3 Mais _____ quelques mois qu'elle ne va pas bien.

4 Elle a eu des problèmes de santé à Pâques, et _____

elle est très fatiguée.

5 Je suis allé la voir _____ deux jours : elle n'allait pas bien.

6 Et _____ je n'ai plus eu de nouvelles.

7 _____ trois fois que j'essaie de la joindre au téléphone, mais elle

ne répond pas. Je vais réessayer dans 5 minutes ...

B. Schreiben Sie die Sätze 1 und 3 so um, dass man *depuis* verwenden kann.

_____

_____

_____

_____

→ *Auflösung*
Siehe nächste Seite

Auflösung:

A. **1** il y a **2** depuis **3** ça fait **4** depuis
5 il y a **6** depuis **7** ça fait

B. **1** Avec Josiane, on se connaît depuis 25 ans.
3 Mais depuis quelques mois, elle ne va
pas bien.

Erfolgs-Check

Übung absolviert am:	fiel mir leicht	möchte ich wiederholen
....	☐	☐
....	☐	☐
....	☐	☐

A. Vergangenheit, Gegenwart oder Zukunft? Sortieren Sie die Ausdrücke.

> maintenant – dans 5 minutes – il y a deux heures –
> dans trois jours – autrefois – avant – de nos jours – demain –
> à l'époque – la semaine prochaine – aujourd'hui – ce matin –
> la semaine dernière – tout de suite – hier

passé	présent	futur

B. Vervollständigen Sie die Sätze mit den Ausdrücken aus A. Es kann mehrere Möglichkeiten geben.

1 _____ il n'y avait pas d'électricité.

2 _____ j'étais en vacances à Marseille.

3 Paul part en vacances _____ .

4 _____ Nico est à Paris.

5 Mathilde est allée voir sa grand-mère _____ .

6 Je suis pressé : je vais chercher Léo à la gare : il arrive _____ .

➜ Auflösung
Siehe nächste Seite

TAG
81

Auflösung:

A. **passé:** hier, la semaine dernière,
il y a deux heures, autrefois, avant,
à l'époque
présent: maintenant, de nos jours,
aujourd'hui, ce matin, tout de suite
futur: dans 5 minutes, dans trois jours,
demain, la semaine prochaine

B. **1** autrefois, à l'époque
2 la semaine dernière
3 la semaine prochaine, aujourd'hui,
dans trois jours, demain
4 aujourd'hui, maintenant, ce matin, demain
5 hier, la semaine dernière, il y a deux
heures, ce matin
6 dans 5 minutes

Erfolgs-Check

A. Welche Antwort passt zu welcher Frage? Verbinden Sie.

1	Quand est-ce que vous pensez venir nous voir ?	a	Rue de la Liberté.
2	Tu habites où ?	b	Je ne sais pas ... Pas avant le mois de mai.
3	Pourquoi est-ce que Matéo ne peut pas venir samedi soir ?	c	Oui, je suis d'accord.
4	Est-ce que ça te va si on fait comme ça ?	d	Parce qu'il va au théâtre.
5	On va au cinéma demain soir ?	e	Bonne idée, mais je ne peux pas ... Je suis à Genève demain.
6	Combien de temps es-tu en vacances ?	f	Deux semaines seulement.

B. Stellen Sie die passenden Fragen.

1 • _____ es-tu malade ?

• Depuis trois semaines environ.

2 • _____ vous avez déménagé ?

• L'année dernière, au mois de mai.

3 • _____ on va ce soir ? Au cinéma ?

• Ah oui, volontiers ! C'est une très bonne idée !

4 • _____ Sophie ne m'a pas appelé ?

• Parce ce qu'elle n'a pas le temps.

5 • _____ frères et sœurs a Marine ?

• Elle a trois frères et une sœur.

→ *Auflösung*
Siehe nächste Seite

TAG
82

Auflösung:

A. 1 b – 2 a – 3 d – 4 c – 5 e – 6 f

B. 1 Depuis quand 2 Quand est-ce que
   3 Où est-ce qu' 4 Pourquoi est-ce que
   5 Combien de

Erfolgs-Check

	fiel mir leicht ↓	möchte ich wiederholen ↓
Übung absolviert am:		
....	☐	☐
....	☐	☐
....	☐	☐

Was haben Sie diese Woche geübt? Testen Sie sich!

1 Welcher Wochentag hat 6 Buchstaben?

_____

2 Übersetzen Sie.

    a Es ist Mittag. _____

    b Es ist halb drei. _____

    c Es ist Viertel nach acht. _____

3 Was ist richtig?

    a On se connaît il y a 5 minutes.

    b On se connaît depuis 5 minutes.

4 Welches Wort passt nicht in die Reihe?

    a aujourd'hui – hier – tout de suite – ce matin – de nos jours

    b la semaine dernière – demain – dans trois jours –
       dans une heure – tout à l'heure

    c hier – il y a trois jours – depuis des années – demain – à l'époque

5 Bilden Sie eine Frage.

    a comment – vas – tu

    _____

    b est-ce que – calmes – ne – te – pas – pourquoi – tu

    _____

    c heure – est-ce que –arrives – tu – quelle – à

    _____

➜ *Auflösung*
Siehe nächste Seite

TAG
83

Auflösung:

1 samedi
2 **a** Il est midi.
  b Il est deux heures et demie.
  c Il est huit heures et quart.
3 b
4 **a** hier **b** la semaine dernière **c** demain
5 **a** Comment vas-tu ?
  b Pourquoi est-ce que tu ne te calmes pas ?
  c À quelle heure est-ce que tu arrives ?

Erfolgs-Check

Übung absolviert am:	fiel mir leicht	möchte ich wiederholen
-----------------------------------	☐	☐
-----------------------------------	☐	☐
-----------------------------------	☐	☐

Une année festive en France

Kaum ist Weihnachten vorbei, steht am 6. Januar das nächste Fest vor der Tür: die **Fête des Rois**. Man gedenkt der Heiligen Drei Könige **(Épiphanie)** und verspeist den extra zu diesem Anlass gebackenen Kuchen **la galette des rois**. Im Kuchen ist eine kleine Figur eingebacken, genannt **fève** (dicke Bohne). Finden Sie diese, sind Sie für einen Tag König/in und dürfen sich alle Wünsche erfüllen lassen, so die Tradition!

Gehen Sie unbedingt am 21. Juni abends auf die Straßen – an diesem Tag wird seit 1982 offiziell die **Fête de la musique** gefeiert. Vom ehemaligen Kultusminister Jack Lang eingeführt, finden im ganzen Land und inzwischen auch auf der ganzen Welt Konzerte statt. Egal ob in Bars oder auf der Straße – Hauptsache, die Musik wird gefeiert.

Sie sind auf der Suche nach einer befristeten Arbeitserfahrung? Helfen Sie im September bei den **vendanges** mit. Fast alle Weinanbaugebiete **(vignoble)** suchen Aushilfen, die bei der Weinlese mitarbeiten. Vier Wochen schneiden Sie Trauben in einem internationalen Team an der frischen Luft. Als Belohnung gibt es meist ein großes Fest **(repas des vendanges)**.

Le beaujolais nouveau est arrivé! Am 3. Donnerstag im November wird traditionell der Wein **beaujolais nouveau** gefeiert, vor allem im Anbaugebiet um Lyon, mit Festen und Musik. Um Mitternacht wird dann ein großes Fass **beaujolais** angestochen!

Santé!

A. Schule in Frankreich:
Bringen Sie die Schulformen a – e in die chronologische Reihenfolge.

> **a** l'école élémentaire – **b** le lycée –
> **c** l'école maternelle – **d** l'université – **e** le collège

1 _____   **2** _____   **3** _____   **4** _____   **5** _____

B. Wie heißen die folgenden Begriffe auf Französisch?

1 Kinder   _____

2 Jugendliche   _____

3 Erwachsene   _____

→ Auflösung
Siehe nächste Seite

TAG
85

Auflösung:

A. 1 c – 2 a – 3 e – 4 b – 5 d

B. 1 les enfants 2 les adolescents, les jeunes
3 les adultes

Erfolgs-Check

	fiel mir leicht ↓	möchte ich wiederholen ↓
Übung absolviert am:		
------------------------------------	☐	☐
------------------------------------	☐	☐
------------------------------------	☐	☐

A. In Frankreich werden die Schulklassen anders als in deutschsprachigen Ländern benannt. Die ersten fünf Klassen werden nicht durchnummeriert. Ab der 6. Klasse zählt man rückwärts bis zum Ende der Schulzeit, d. h. bis zur Terminale (Abitur oder Matura). Wie heißen die folgenden Klassen auf Französisch?

1 die 11. Klasse _____

2 die 8. Klasse _____

3 die 9. Klasse _____

B. Die Ordnungszahlen werden benutzt, um zum Beispiel Wettlaufergebnisse bekannt zu geben. Schreiben Sie die Ergebnisse dieses Laufs auf.

Charlotte (1) – Maxime (3) – Nicolas (7) – Juliette (11) – Marek (16) – Océane (20) – Léonie (29) – Théo (75)

Charlotte est la première

Maxime le troisième

Nicolas _____

Juliette _____

Marek _____

Océane _____

Léonie _____

Théo _____

➔ *Auflösung*
Siehe nächste Seite

TAG 86

Auflösung:

A. **1** la première **2** la quatrième **3** la troisième

B. Nicolas le septième, Juliette la onzième,
Marek le seizième, Océane la vingtième,
Léonie la vingt-neuvième, et Théo le
soixante-quinzième

Erfolgs-Check

Übung absolviert am:	fiel mir leicht	möchte ich wiederholen
	↓	↓
-----------------------------------	☐	☐
-----------------------------------	☐	☐
-----------------------------------	☐	☐

Kreuzworträtsel: Wie heißen die Schulfächer auf Französisch?

1 Langue vivante parlée, entre autres, sur une île au Nord-Ouest de la France.
2 Ce cours peut avoir lieu dedans ou dehors.
3 Dans ce cours, on parle beaucoup des chiffres et des nombres.
4 On y apprend à mieux connaître la terre, les pays et beaucoup d'endroits intéressants.
5 Dans ce cours, on étudie les propriétés générales de la matière, de l'espace et du temps.
6 On y apprend à lire les notes dans les chansons.
7 Vous l'apprenez maintenant.
8 On y parle du temps passé.

Auflösung
Siehe nächste Seite

TAG 87

Auflösung:

1 anglais 2 sport 3 mathématiques
4 géographie 5 physique 6 musique
7 français 8 histoire

Erfolgs-Check

Übung absolviert am:	fiel mir leicht	möchte ich wiederholen
-------------------------------	☐	☐
-------------------------------	☐	☐
-------------------------------	☐	☐

A. Wer etwas werden will, muss auch etwas tun. Aber was genau?

> faire de longues études – aimer la nature – être bon en maths –
> être sérieux – travailler – trouver une entreprise

1 Pour devenir architecte, il faut _____.

2 Pour devenir médecin, il faut _____.

3 Pour faire une formation, il faut _____.

4 Pour faire des études, il faut _____.

5 Pour gagner de l'argent, il faut _____.

6 Pour être agriculteur, il faut _____.

B. Tragen Sie die fehlenden Imperativformen in die Tabelle ein.

Grundform	être	avoir	travailler	finir	aller
Singular	sois			finis	
Plural			travaillons		allons
		ayez			

➜ *Auflösung*
Siehe nächste Seite

TAG 88

Auflösung:

A. **1** être bon en maths
   2 faire de longues études
   3 trouver une entreprise
   4 être sérieux
   5 travailler
   6 aimer la nature

B. **être:** soyons, soyez
   avoir : aie, ayons
   travailler: travaille, travaillez
   finir: finissons, finissez
   aller: va, allez

Erfolgs-Check

Übung absolviert am:	fiel mir leicht ↓	möchte ich wiederholen ↓
-----------------------------------	☐	☐
-----------------------------------	☐	☐
-----------------------------------	☐	☐

A. Finden Sie die *participes présents* im Buchstabensalat und schreiben Sie sie auf.

TRAVAILLANTÉCRIVANTREGARDANT
CHANTANTDÉJEUNANTCONDUISANT

_____

_____

_____

_____

_____

_____

B. Was machen die Personen jeweils gleichzeitig? Ergänzen Sie die Sätze.

1 Il travaille _____ (regarder) la télévision.

2 Elle téléphone _____ (conduire).

3 Elle étudie _____ (travailler).

4 Il parle _____ (écrire).

5 Ils lisent le journal _____ (déjeuner).

6 Tu travailles en _____ (chanter)?

→ *Auflösung
Siehe nächste Seite*

TAG
89

Auflösung:

A. travaillant, écrivant, regardant, chantant,
   déjeunant, conduisant

B. 1 en regardant 2 en conduisant
   3 en travaillant 4 en écrivant
   5 en déjeunant 6 chantant

Erfolgs-Check

Übung absolviert am:	fiel mir leicht ↓	möchte ich wiederholen ↓
-----------------------------	☐	☐
-----------------------------	☐	☐
-----------------------------	☐	☐

Was haben Sie diese Woche geübt? Testen Sie sich!

1 Welche Reihe ist in der falschen Reihenfolge?

    a école élémentaire – lycée – université

    b école élémentaire – école maternelle – collège

    c collège – lycée – université

2 Übersetzen Sie.

    a den 1. Geburtstag   – le _____ anniversaire

    b den 5. Geburtstag   – le _____ anniversaire

    c den 50. Geburtstag – le _____ anniversaire

3 Finden Sie die Schulfächer.

    a EQUISYHP   _____

    b GGPHIEOERA   _____   _____

    c LAISNAG   _____

4 Welche Form des Imperativs ist richtig?

    a manges

    b mange

    c mangent

5 Was darf man nicht machen?

    a conduire en mangeant

    b conduire en parlant

    c parler en mangeant

➜ *Auflösung
Siehe nächste Seite*

TAG 90

Auflösung:

1 b
2 **a** premier **b** cinquième **c** cinquantième
3 **a** physique **b** géographie **c** anglais
4 b
5 a, c

Erfolgs-Check

Übung absolviert am:

	fiel mir leicht ↓	möchte ich wiederholen ↓
-------------------------------	☐	☐
-------------------------------	☐	☐
-------------------------------	☐	☐

Le système scolaire français

Ihr Arbeitgeber schickt Sie für ein paar Jahre nach Frankreich – **super!**
Sie wollen Ihr Kind in der örtlichen Schule anmelden, aber wie funktioniert die
Schule in Frankreich eigentlich?

Die Schulausbildung beginnt sehr früh, mit der **école maternelle** (Vorschule), in
die Kinder mit drei Jahren gehen. Ab sechs geht es dann in die **école élémentaire**
(Grundschule) mit den Klassen **CP (cours préparatoire)**, **CE1 (cours
élémentaire 1)**, **CE2**, **CM1 (cours moyen 1)** und **CM2**.

Sie machen sich Sorgen um die
Verpflegung des Nachwuchses?
Die Schulen sind Ganztagsschulen,
gegessen wird in der **cantine**. Der
Unterricht geht bis ca. 16.30 Uhr, im
lycée bis 18 Uhr. Mittwochs freuen sich
die Großeltern über den Besuch ihrer
Enkel: Grundschüler haben den ganzen
Tag, Oberschüler den Nachmittag frei.

Im **collège** (Sekundarstufe 1) und
lycée (Sekundarstufe 2) werden die
Schuljahre rückwärts gezählt: Von
der **sixième** bis zur **première** und zur
Abschlussklasse **terminale**, die zum

Alter	Klasse	Schule
17	terminale	
16	première	*lycée*
15	seconde	
14	troisième	
13	quatrième	
12	cinquième	*collège*
11	sixième	
10	cours moyen 2	
9	cours moyen 1	
8	cours élémentaire niveau 2	*école*
7	cours élémentaire niveau 1	*élémentaire*
6	cours préparatoire	
5	grande section	
4	moyenne section	*école*
3	petite section	*maternelle*

bac/baccalauréat (Abitur/Matura) führt. In zwölf Fächern **(matières)** schreiben
die Schüler im ganzen Land am gleichen Tag und zum gleichen Thema ihre
Prüfungen **(épreuves)**. Sie wollen im Smalltalk punkten? Informieren Sie sich
über die Philosophiethemen – darüber wird immer heiß diskutiert!

A. *Adverbe* oder *adjectif*? Wählen Sie.

1 Nadine a un travail horrible / horriblement stressant.
2 Avez-vous le numéro direct / directement de Pierre?
3 Nos réunions de service sont extrêmes / extrêmement longues.
4 Janine est affreuse / affreusement triste: elle est au chômage.
5 Julie et Paul voient le problème différent / différemment.
6 Martine a expliqué long / longuement les raisons à son chef.
7 Sandrine a horrible / horriblement peur de perdre son travail.
8 Michèle travaille dans une équipe qui est très grande / grandement.
9 Justine et Martin travaillent dans deux services différents / différemment.
10 Ta situation professionnelle est toujours extrême / extrêmement: soit tu travailles très peu, soit tu ne fais que travailler!

B. Zusammengefasst: Füllen Sie aus.

Un _____ est en relation directe avec un nom.
Exemple: Ils travaillent dans deux équipes **différentes**.

Un _____ est en relation directe avec un verbe.
Exemple: Ils voient le problème **différemment**.

➔ *Auflösung*
Siehe nächste Seite

**TAG
92**

Auflösung:

A. 1 horriblement 2 direct 3 extrêmement
    4 affreusement 5 différemment
    6 longuement 7 horriblement 8 grande
    9 différents 10 extrême
B. adjectif, adverbe

Erfolgs-Check

	fiel mir leicht	möchte ich wiederholen
Übung absolviert am:	↓	↓
-----------------------------------	☐	☐
-----------------------------------	☐	☐
-----------------------------------	☐	☐

Bilden Sie Ausdrücke. Verbinden Sie dazu die Wörter aus der linken Spalte mit denen aus der rechten.

1	allumer	a	un problème
2	appeler	b	un ordinateur
3	enregistrer	c	un rendez-vous
4	fixer	d	un compte rendu
5	réserver	e	un fichier
6	rédiger	f	en pièce jointe
7	envoyer	g	un client
8	résoudre	h	une salle de conférence

1 _____

2 _____

3 _____

4 _____

5 _____

6 _____

7 _____

8 _____

➜ *Auflösung
Siehe nächste Seite*

TAG
93

Auflösung:

1 b – 2 g – 3 e – 4 c – 5 h – 6 d – 7 f – 8 a

Erfolgs-Check

	fiel mir leicht	möchte ich wiederholen
Übung absolviert am:	↓	↓
....	☐	☐
....	☐	☐
....	☐	☐

Wir suchen falsche Freunde, d. h. Wörter, die man im Französischen und im Deutschen gleich ausspricht, die aber eine andere Bedeutung haben.

un baiser – un bureau – un clavier – une démonstration –
gros – une infusion – un rat

1 Le Français la boit, l'Allemand la reçoit dans le bras. __ __ F __ __ __ O __

2 Le Français l'emploie pour écrire et travailler, l'Allemand y entre pour

   travailler. __ __ R __ __ __

3 Le Français l'a sur son bureau, en face de son ordinateur, pour l'Allemand, c'est

   un instrument de musique. __ __ __ V __ __ __

4 Pour le Français, c'est un animal peu aimé, pour l'Allemand, quelque chose qu'il

   cherche quand il est dans une situation difficile. __ __ T

5 Le Français l'utilise pour parler de poids et de largeur, l'Allemand, pour parler de

   grandeur ou de taille. __ __ O __

6 Pour le Français, c'est un geste doux ou romantique, pour l'Allemand, un petit

   gâteau très sucré. __ __ __ S __ __

7 Pour le Français, c'est une démarche logique pour expliquer quelque chose,

   pour l'Allemand, un rassemblement dans la rue.

   __ __ M __ __ __ T __ __ __ I __ __

➡ *Auflösung*
Siehe nächste Seite

TAG
94

Auflösung:

1 une infusion 2 un bureau
3 un clavier 4 un rat 5 gros 6 un baiser
7 une démonstration

Erfolgs-Check

	fiel mir leicht	möchte ich wiederholen
Übung absolviert am:	↓	↓
----------------------------------	☐	☐
----------------------------------	☐	☐
----------------------------------	☐	☐

A. Im Buchstabensalat sind zehn Berufe versteckt. Finden Sie sie.

```
R  I  N  F  I  R  M  I  E  R  E  R
E  S  D  U  T  A  R  R  U  R  R  J
A  M  F  X  S  D  D  F  T  U  T  O
V  E  N  D  E  U  S  E  G  E  U  U
E  D  A  N  S  E  E  C  R  S  E  R
L  E  O  N  D  S  F  S  E  S  R  N
O  C  O  I  F  F  E  U  R  E  E  A
L  I  B  R  A  I  R  E  D  F  V  L
D  N  A  F  Z  U  I  V  Y  O  Z  I
E  T  R  E  S  F  E  Z  C  R  U  S
R  E  I  N  I  D  R  A  J  P  O  T
D  E  N  T  I  S  T  Ł  Z  U  I  E
```

B. Wer arbeitet wo?

1 Dans un cabinet: _____

2 Dans un magasin: _____

3 Dans un salon: _____

4 Dans une salle: _____

→ *Auflösung
Siehe nächste Seite*

TAG 95

Auflösung:

A. **Waagerecht:** infirmière, vendeuse, coiffeur, libraire, dentiste, jardinier
Senkrecht: journaliste, médecin, professeur
Diagonal: avocat

B. 1 avocat, dentiste, médecin, infirmière
2 vendeuse, libraire 3 coiffeur 4 professeur

Erfolgs-Check

Übung absolviert am:	fiel mir leicht ↓	möchte ich wiederholen ↓
-------------------------------	☐	☐
-------------------------------	☐	☐
-------------------------------	☐	☐

A. Ergänzen Sie die Wortfamilien!

	profession	nom	verbe
1	le jardinier		
2			cuisiner
3		la vente	
4		la coiffure	
5	le rédacteur		
6			écrire
7		la production	
8	le chanteur		
9			servir

B. Übersetzen Sie die deutschen Wörter. Füllen Sie anschließend das Formular mit Ihren persönlichen Daten auf Französisch aus.

Deutsch	Français	Renseignements personnels
Vorname		
Nachname		
Geschlecht		
Geburtsdatum		
Staatsangehörigkeit		
Anschrift		
Telefonnummer		
Mobilnummer		

➡ *Auflösung*
Siehe nächste Seite

TAG
96

Auflösung:

A. **1** le jardinage / le jardin, jardiner
   2 le cuisinier, la cuisine
   3 le vendeur, vendre
   4 le coiffeur, coiffer
   5 la rédaction, rédiger
   6 l'écrivain, l'écriture
   7 le producteur, produire
   8 la chanson, chanter
   9 le serveur, le service

B. prénom, nom, sexe, date de naissance,
   nationalité, adresse, numéro de téléphone,
   numéro de portable

Erfolgs-Check

Übung absolviert am:

	fiel mir leicht ↓	möchte ich wiederholen ↓
----------------------	☐	☐
----------------------	☐	☐
----------------------	☐	☐

Was haben Sie diese Woche geübt? Testen Sie sich!

1 Bilden Sie die Adverbien.

    a affreux   _____

    b long   _____

    c horrible   _____

2 Ergänzen Sie die Ausdrücke.

    a _____ un problème

    b _____ un client

    c _____ un ordinateur

3 Übersetzen Sie die Wörter ins Französische.

    a Ratte   _____

    b Kuss   _____

    c Tastatur _____

4 Wer arbeitet wo? Ergänzen Sie.

    a avocat : dans un   _____

    b coiffeur : dans un   _____

    c médecin : dans un   _____

5 Welches Wort ist versteckt?

    a AGENIRAJD   _____

    b HONCANS   _____

    c CTIONERAD   _____

➔ *Auflösung*
Siehe nächste Seite

Auflösung:

1 **a** affreusement **b** longuement
  c horriblement
2 **a** résoudre **b** appeler **c** allumer
3 **a** rat **b** baiser **c** clavier
4 **a** cabinet **b** salon **c** cabinet / hôpital
5 **a** jardinage **b** chanson **c** rédaction

Erfolgs-Check

Übung absolviert am:

	fiel mir leicht	möchte ich wiederholen
	⬇	⬇
	☐	☐
	☐	☐
	☐	☐

Les nouveaux emplois

Traumland mit 35-Stunden-Woche und Rente mit 60? Langsam verabschiedet sich Frankreich von dieser Utopie.

Die *semaine de 35 heures*, im Jahr 2000 unter der sozialistischen Regierung eingeführt, wird so kaum noch gelebt: Fast alle machen Überstunden *(heures supplémentaires)*, die sie dann als jour RTT *(réduction du temps de travail)* abbauen können. Manche dieser RTT sind vom Arbeitgeber festgelegt, zum Beispiel zwischen Weihnachten und Neujahr, andere können frei gewählt werden.

Auch die Rentengesetzgebung ist in Bewegung: Seit dem 9. November 2010 gilt die Rente *(la retraite)* mit 62, bis 2023 dann mit 67. Die Franzosen gehen dagegen auf die Straße *(descendre dans la rue)*. Die weitere Entwicklung ist noch offen.

Sie wollen in Frankreich arbeiten? Besonders Ingenieure *(ingénieur)* und IT-Fachkräfte *(informaticien/ne)* werden gesucht, außerdem Ärzte *(médecin)*, Büroangestellte *(employé/e de bureau)*, Köche *(cuisinier/-ière)* ... Für Sie ist sicher etwas dabei!

Sehr wichtig sind gute französische Sprachkenntnisse – aber das ist nach diesem Block für Sie sicher kein Problem mehr!

Bonne chance!

Félicitations !

Le candidat / La candidate _____

né(e) _____

a réussi l'examen **Lextra** avec distinction.

Il / elle a obtenu le titre de diplômé(e) de la langue française de **Lextra**.

Signature: _____

Date: _____

lex:tra

Kleines Reisewörterbuch
Petit dictionnaire de voyage

Nützliche Ausdrücke Expressions utiles

Hallo / Guten Tag	Salut / Bonjour
Entschuldigung	Excusez-moi, Excuse-moi
Ich verstehe (nicht)	Je (ne) comprends (pas)
Hier spricht ...	C'est ... / ... à l'appareil.
Können Sie / Kannst du das bitte wiederholen?	Pouvez-vous répéter, s'il vous plaît? / Peux-tu répéter, s'il te plaît?
Ich spreche kaum Französisch.	Je parle à peine Français.
Sprechen Sie / Sprichst du ...?	Parlez-vous / Parles-tu ...?
Deutsch	l'allemand
Können Sie / Kannst du mir helfen?	Pouvez-vous / Peux-tu m'aider?
Einen Moment, bitte!	Un moment, s'il vous plaît!
ja	oui
nein	non
doch	si
Auf Wiedersehen / Tschüss	Au revoir / Salut

Im Notfall En cas d'urgence

Bitte rufen Sie einen Arzt / Krankenwagen!	Appelez un médecin / une ambulance, s'il vous plaît!
Es ist ein Notfall.	C'est une urgence.

Ich bin krank.	Je suis malade.
Ich bin gegen ... allergisch.	Je suis allergique à ...
Mir ist übel.	Je me sens mal.
Mir tut / tun ... weh.	J'ai mal à / au / à la / aux...
Ich habe Kopf- / Magen- / Hals- /Rücken- / Zahn- / Ohrenschmerzen.	J'ai mal à la tête / à l'estomac / à la gorge / au dos / aux dents / aux oreilles.
Sonnenstich, Sonnenbrand	une insolation, un coup de soleil
Durchfall	la diarrhée
Fieber	la fièvre
Medikament	le médicament
Schmerzmittel	l'antidouleur
Erste Hilfe	les premiers secours
Notrufnummer 112	le numéro d'urgence 112

Am Flughafen À l'aéroport

Flugticket	le billet d'avion
Hin- und Rückflug	le vol aller-retour
Bordkarte	la carte d'embarquement
Reisepass / Ausweis	le passeport / la carte d'identité
Handgepäck	le bagage à main
Koffer	la valise
Fensterplatz oder Platz am Gang?	une place côté fenêtre / couloir?

Flugsteig (Gate)	la porte d'embarquement
Sicherheitskontrolle	le contrôle de sécurité
Passagier	le passager
Boarding	l'embarquement
Ankunft / Landung	l'arrivée / l'atterrissage
Abflug	le décollage
Verspätung	le retard
Mein Koffer ist nicht angekommen.	Ma valise n'est pas là.

Mit dem Taxi En taxi

Können Sie mir bitte ein Taxi rufen?	Vous pouvez m'appeler un taxi, s'il vous plaît ?
Wohin?	Vous allez où ?
(Fahren Sie mich) bitte zum Hotel .../ in die ...-Straße.	(Amenez-moi) s'il vous plaît à l'hôtel ... / dans la rue ...
Wie viel kostet das?	Ça fait combien ?
Sie können hier anhalten.	Vous pouvez vous arrêter ici.

Mit öffentlichen Verkehrsmitteln Les transports en commun

Können Sie / kannst du mir den Weg nach ... sagen?	Pouvez-vous / Peux-tu m'indiquer le chemin pour aller à ...?
Wo muss ich aussteigen / umsteigen?	Où dois-je descendre / prendre la correspondance pour ...?
Bus	le bus
Haltestelle	l'arrêt

Linie	la ligne
U-Bahn	le métro
Zug	le train
Bahnhof	la gare
Fahrkarte	le ticket
Tageskarte, Wochenkarte	le ticket journée, l'abonnement hebdomadaire

Mit dem Mietauto Avec une voiture de location

Ich möchte ein Auto für ... Tage mieten.	Je voudrais louer une voiture pour ... jours.
Führerschein	le permis de conduire
Vollkaskoversicherung	l'assurance tous risques
Benzin / Diesel	l'essence / le diesel
Tankstelle	la station-service
Kindersitz	le siège enfant

Im Hotel À l'hôtel

Es ist kein Zimmer mehr frei. / Wir sind ausgebucht.	Nous n'avons plus de chambres libres. / Nous sommes complets.
Ich habe eine Reservierung.	J'ai réservé.
Auf welchen Namen?	À quel nom?
Doppelzimmer	une chambre double
Einzelzimmer	une chambre simple
mit / ohne Frühstück	avec / sans petit déjeuner

Können Sie bitte hier unterschreiben?	Pouvez-vous signer ici?
Hier ist Ihr Schlüssel.	Voilà votre clé.
Es ist das Zimmer Nr. ..., im ... Stock.	C'est la chambre numéro ..., au ... étage.
Um wie viel Uhr gibt es Frühstück?	À quelle heure peut-on prendre le petit déjeuner?
Wo kann ich Wertsachen lassen?	Où est-ce que je peux laisser des affaires de valeur?
Bis wann muss ich auschecken?	À quelle heure dois-je libérer la chambre?
Zahlen Sie bar oder mit (Kredit-) Karte?	Vous réglez en espèces ou par carte (de crédit)?

Im Restaurant Au restaurant

Können wir uns dort hinsetzen?	Peut-on s'asseoir ici?
Wo sind die Toiletten?	Où sont les toilettes?
bestellen	commander
Speisekarte	la carte
Vorspeise / Hauptgericht / Nachtisch	l'entrée/ le plat principal / le dessert
Haben Sie schon gewählt? / Was bekommen Sie?	Vous avez choisi? / Qu'est-ce que je vous sers?
Was empfehlen Sie uns?	Vous nous recommandez quoi?
Was ist das Tagesgericht?	Quel est le plat du jour?
kleine / große Portion	petite / grosse portion

Gibt es ein vegetarisches Gericht?	Vous avez des plats végétariens?
Könnten Sie uns bitte die Rechnung bringen?	Vous pouvez nous apporter l'addition?
Trinkgeld	le pourboire

Beim Einkaufen Faire les courses

Geschäft / Laden	le magasin
Einkaufszentrum	le centre commercial
Öffnungszeiten	les heures d'ouverture
Wo ist der / die / das nächste ...?	Où est le / la ... le / la plus proche?
Wie viel kostet das?	Combien est-ce que ça coûte?
Kann ich mal schauen / probieren?	Je peux regarder / essayer?
Kann ich Ihnen helfen?	Je peux vous aider?
Ich nehme es.	Je le /la / les prends.
Danke, ich nehme es nicht.	Merci, je ne le /la / les prends pas.
Kann ich mit Karte zahlen?	Est-ce que je peux payer par carte?
Sie können hier leider nur bar zahlen.	Vous ne pouvez régler qu'en espèces.
Wollen Sie eine Tüte?	Vous voulez un sachet?
Rabatt	une réduction (de prix)